Daniel Barbosa Marques

IA y el Trabajo Perdido

De los Cambios Históricos a la Supervivencia Futura

I

IA Y EL TRABAJO PERDIDO

del Desplazamiento Histórico a la Supervivencia Futura

Daniel Barbosa Marques

DBM Wien

Créditos de diseño y producción

Diseño de portada y maquetación interna: Daniel Barbosa Marques
Maquetación: Daniel Barbosa Marques
Producción gráfica: Daniel Barbosa Marques

Información editorial
Publicado en Viena, Austria. Este libro se ha producido utilizando papel procedente de fuentes sostenibles e impreso con tintas vegetales, lo que refleja nuestro compromiso con la preservación del medio ambiente.

CONTENTS

PRÓLOGO

En los dos últimos años hemos vivido lo que algunos llaman el "Renacimiento de la IA". Puedo afirmar que, al menos desde el punto de vista académico, 2023 ha sido un año sin precedentes. Nunca ha sido tan difícil mantenerse al día de los últimos avances y comprender el estado de la técnica en un momento dado. Cada semana surge un nuevo artículo o producto revolucionario que podría cambiar potencialmente algún campo. Mientras las democracias siguen luchando por mantenerse al día, comprender y legislar sobre los últimos 20 años de desarrollo técnico, el impacto de los dos últimos años ya se está dejando sentir y no estamos preparados para afrontar todos los nuevos retos. Apenas hemos empezado a comprender cuáles son estos retos y, aún así, tenemos que empezar a actuar de inmediato.

En el amplio espectro de retos que plantea la IA, desde la alineación, los riesgos existenciales, las cuestiones éticas, las noticias falsas, etc., quizá ningún problema sea más urgente que regular la relación entre la IA y el trabajo, o el lugar de la IA en la economía. Si la IA (y otras formas de tecnologías similares) llegan a ser tan esenciales para el trabajo como lo son hoy Internet o la electricidad, no podrán ser controladas por monopolios privados. En los últimos 30 años, la economía mundial ha experimentado un fuerte aumento de la productividad debido a la automatización, que no se ha visto correspondido por una mejora de los salarios, lo que ha provocado la disolución de la clase media en muchos países occidentales, como en EE.UU., y provocando una crisis de desigualdad. Las sociedades no deben permitir que la IA se utilice como palanca contra los trabajadores, como otra bomba de riqueza. Por desgracia, de momento, todo parece abocado a otro ciclo de auge y recesión de consecuencias imprevisibles.

Es una extraña paradoja del capitalismo que el trabajo se considere a la vez una obligación universal, una parte integral de la participación en la sociedad, y un bien preciado: un privilegio por el que hay que luchar y ganarse. Por lo general, no se considera que un ciudadano esté "preparado" para participar en la mayoría de las actividades civiles y económicas hasta que logre completar su educación, algo que ocupa la mayor parte de la atención en los primeros veinte años de vida (al menos en los países que se consideran "modernos, democráticos y capitalistas"). Que esto ni siquiera garantice a una persona el derecho a cumplir con su deber implícito es un fallo importante del sistema que se necesita abordar. El trabajo no puede ser a la vez una necesidad existencial y una mercancía especulativa.

Existe un intercambio de responsabilidades por este problema que parece paralizar cualquier intento de resolverlo, beneficiando en última instancia a los actores malintencionados que disponen de los recursos para explotar el statu quo. El fracaso de la URSS a la hora de proporcionar una alternativa al capitalismo aún no ha sido suplantado por otro competidor, dejando un vacío que Mark Fisher describió como "Realismo Capitalista". Los seres humanos que viven en el siglo XXI adoptan la postura metafísica de que es más probable un colapso social que cambiar nuestro sistema económico. Como él dijo: "es más fácil imaginar el fin del mundo que el fin del capitalismo". Esto tiene muchos matices, desde los argumentos naturalistas de que "el mundo (o la naturaleza) es cruel, es la supervivencia del más fuerte", "los humanos actualmente son egoístas" (normalmente asociados con la derecha), hasta la fatiga política y existencial (del centro y la izquierda).

El argumento naturalista tiene cierto mérito, porque la esencia del capitalismo, que son los mecanismos de retroalimentación positiva, puede encontrarse en toda la naturaleza. Dondequiera que haya una diferencia de temperatura o de potencial eléctrico, un gradiente químico o físico de cualquier tipo, la naturaleza desarrolla una forma de utilizarlo como pila y logra hacer el trabajo. Esta es, de hecho, la verdadera definición del término "trabajo" en física. El mercado, del mismo modo, trata constantemente de encontrar diferencias de potencial que explotar. Esto es muy explícito en el caso de las acciones y el comercio en general, por ejemplo al observar el diferencial: el scalping y la creación de mercado son estrategias rentables porque pueden explotar pequeñas diferencias de potencial. Sin embargo, también está implícita en todas partes la idea de "nuevos mercados", en los que, una vez que se ha explotado la mayor parte de las diferencias de potencial (y el mercado está "saturado"), es necesario colonizar un nuevo horizonte. El problema de pensar que esta dimensión primordial justifica el capitalismo como un ethos es que tenemos muchos malos ejemplos como el de la biología y otras disciplinas de cómo podría ser un sistema hipercapitalista, y no son necesariamente deseables como objetivos finales. El más obvio es el cáncer.

El crecimiento desenfrenado, sin tener en cuenta la función, es lo que yace en el corazón del capitalismo naturalista, y se aplica por igual al cáncer y a nuestro capitalismo tardío. Medimos nuestro éxito no por el crecimiento, sino por el crecimiento del crecimiento. Cuando una empresa o un país registra un crecimiento trimestral inferior al de años anteriores, se considera un problema que hay que resolver. Las burbujas sólo son un problema porque, si estallan, reducen el crecimiento, pero una burbuja que nunca estalla es algo que la gente llamaría simplemente una "extraordinaria oportunidad de inversión" en retrospectiva. Si "ningún crecimiento es mal crecimiento" o "ningún crecimiento es demasiado crecimiento" son suposiciones generalmente válidas dentro del capitalismo, entonces éste se basa en un crecimiento ilimitado.

La pérdida de funcionalidad también es muy evidente en el hecho de que las actividades más rentables de nuestra economía implican especulación y otras estrategias de inversión espurias, sin tener en cuenta la utilidad en el mundo real. Por ejemplo, una vez que una corporación alcanza cierto tamaño, es más fácil aumentar los márgenes de beneficio (para alguien) mediante la evasión fiscal, las lagunas de las LLC y otros tipos de trucos, como la recompra de acciones, la contabilidad de Hollywood o convertirse en una especie de "organización benéfica" o "caridad", que ofrecer realmente un producto o servicio mejor. Las startups de capital riesgo y la burbuja NFT también nos muestran hasta qué punto el dinero ya no está respaldado por los valores económicos marxistas tradicionales, ni por la oferta y la demanda. Las cosas se valoran esencialmente por su valor especulativo.

En este contexto nos enfrentamos ahora al llamado "Renacimiento de la IA", y el futuro del trabajo se encuentra en una situación muy delicada. Afortunadamente, por ejemplo, porque Austria suele considerarse un país conservador desde el punto de vista tecnológico, creo que tiene algunos puntos fuertes particulares que podrían darle una ventaja. Principalmente tiene una sólida cultura de organizaciones pequeñas y medianas bien gestionadas (Vereins) (asociaciones civiles), Genossenschaft (cooperativa), Arbeiterkammer (Cámara de trabajo), etc., y una larga historia de resolución de problemas logísticos con éxito (OEBB, VoestAlpine y la gestión pública de la ciudad de Viena, por citar algunas). Estas son dos características esenciales de porque la IA requiere tanto una infraestructura costosa como los costes energéticos asociados a ella.

Los gigantes tecnológicos pueden y quieren prestar estos servicios, pero a largo plazo es peligroso depender de partes privadas para gestionar algo tan fundamental. La Unión

Europea carece de un actor significativo en el juego tecnológico en comparación con Estados Unidos y China, algo que ya señaló el economista griego Yanis Varoufakis en su libro "Tecnofeudalismo". Es un riesgo existencial para una sociedad depender de la tecnología y de organizaciones internacionales de propiedad para servicios tan críticos. Se necesitaría una confianza poco convencional en que estas empresas gestionen la IA teniendo en cuenta los intereses de la sociedad para que nos planteemos esta opción. Sin embargo, el historial de exigir responsabilidades a las empresas multinacionales por las cosas malas que hacen en otros países no está bien.

Una solución mucho mejor es desarrollar un ecosistema de organizaciones capaces de mantener, desarrollar y regular los servicios de la IA a una escala más pequeña y local. No hay ninguna necesidad de depender de modelos propietarios cerrados, como ChatGPT, solo porque son productos masivos o de vanguardia. Hay mucha tecnología de código abierto que puede reimplantarse fácilmente. Las posibilidades son realmente infinitas, como estábamos viendo con las constantes oleadas de innovación. La disponibilidad de información también permite que incluso un adolescente pueda entrenar y ejecutar modelos de aprendizaje automáticos en su computadora y adaptarlos de forma innovadora. En lugar de permitir que la automatización de la IA sea una herramienta para que las grandes empresas reduzcan su mano de obra, generando presión social a cambio del beneficio privado, deberíamos utilizar la IA para permitir a los actores más pequeños ser económicamente competitivos (o mejor aún, económicamente cooperativos).

Es fácil pensar en el escenario del vaso medio vacío, en el que un equipo de 10 artistas (que han luchado ferozmente durante muchos años para estar en esa posición) se reducirá a un equipo de 2 utilizando herramientas de IA. Sin embargo, también puede haber algunas posibilidades optimistas: los artistas individuales podrían llegar a ser mucho más flexibles y eficientes, convirtiéndose en recursos indispensables para cualquier proyecto. Algo parecido se ha visto con las redes sociales y las herramientas de producción digital, que han permitido a muchos artistas de todo el mundo ser independientes y económicamente viables sin la mediación tradicional de estudios de grabación y productores, por ejemplo. Tampoco debemos olvidar que la IA está ayudando a desarrollar muchas otras tecnologías adyacentes que pueden transformar la economía. Los Fablabs, por ejemplo, pueden permitir a los particulares fabricar productos extremadamente complejos a menor escala.

Modelos cooperativos como el de Emilia Romana demuestran que es posible que las pequeñas empresas sean competitivas centrándose únicamente en el diseño y la calidad del producto, con un fuerte apoyo logístico. El mismo modelo podría aplicarse a la gestión de la futura economía de la IA. Son tiempos realmente apasionantes, pero se necesita agilidad, diálogo, flexibilidad y, sobretodo un compromiso con el bien social para navegar por el camino a seguir"

Dr. Victor Chitolina Schetinger
Profesor de Computación Creativa
Universidad de St. Pölten
St. Pölten, Áustria

INTRODUCCIÓN

Yuval Noah Harari (historiador, filósofo y autor best-seller de 'Sapiens') en una entrevista en GZEROMedia en Nueva York en marzo de 2024 sobre el ritmo sin precedentes del cambio:

*"Es real que estemos pasando por una especie de cambio acelerado con cada generación, eso creen? Pero esta vez es real. Y usted sabe que será la primera vez en la historia de la humanidad que nadie tiene ni idea de cómo será el mundo dentro de 20 años. Ahora, por supuesto, políticamente, siempre ha sido imposible predecir el futuro. Si has vivido en la Edad Media, no lo sabes; quizá el año que viene invadan los vikingos, los bárbaros, quizá haya una epidemia... no podemos predecirlo. Las cosas básicas de la vida humana, como las habilidades básicas, todos estaremos cuidando ovejas dentro de 20 años, no importa quién esté al mando. Tienes que enseñar a tus hijos a plantar arroz o trigo, a montar a caballo, a disparar un arco, porque eso seguirá siendo relevante dentro de 20 años. **Hoy en día, nadie tiene ni idea de qué enseñar a los jóvenes que siga siendo relevante dentro de 20 años.**"*

En el panorama tecnológico en rápida evolución, la próxima década promete traer transformaciones tan profundas que eclipsarán los avances presenciados en los últimos treinta años. Nuestro viaje desde la rudimentaria automatización de tareas con hojas de cálculo hasta la sofisticada conectividad global que permite Internet no ha hecho más que empezar. Ahora, estamos al borde de una nueva era dominada por la Inteligencia Artificial (IA), que abarca el aprendizaje automático, el aprendizaje profundo y las redes neuronales. Esta era anuncia no solo una evolución, sino una revolución: la automatización de la propia automatización, en la que el software no solo realiza tareas, sino que también se automejora y se autocrea.

Ese cambio de paradigma tiene implicaciones de gran alcance para la mano de obra. El papel de los desarrolladores de software, antes definido por la creación de los algoritmos lineales y lógica condicional, está experimentando una profunda transformación. La capacidad de la IA para aprender, adaptarse e innovar de forma autónoma está redefiniendo lo que significa "escribir"software. Este cambio no es meramente tecnológico, sino fundamentalmente existencial, y presenta una sorprendente dicotomía: debemos dominar estas tecnologías emergentes o enfrentarnos a la obsolescencia.

La aceleración de la innovación tecnológica acorta drásticamente el periodo de adaptación necesario para los individuos, las empresas y, sobre todo el gobierno elegido por nuestra sociedad, tenga o no una base teórica económica democrática. Los empleos tradicionales, especialmente en sectores como la fabricación industrial y la industria de servicios en general, se enfrentan a amenazas sin precedentes. Muchos de estos empleos, antiguos pilares de las economías y símbolos de estabilidad, podrían no volver, independientemente de las intervenciones reguladoras. Esta realidad se deriva del hecho de que la IA y la automatización están remodelando estas industrias de manera que reducen significativamente la necesidad de formas tradicionales del trabajo humano.

Además, el auge de la automatización y la inteligencia artificial es un arma de doble filo. Por un lado, aumenta la eficiencia y da lugar a nuevas categorías laborales, especialmente en los sectores de la tecnología y los servicios. Por otro lado, provoca el desplazamiento de una parte importante de la mano de obra. Este desplazamiento no se trata solo de un problema estadístico,

sino social, que plantea cuestiones urgentes sobre el futuro del trabajo y el destino de las personas cuyo sustento se ve interrumpido.

En respuesta a estos retos, los proyectos de infraestructuras se presentan a menudo como un posible remedio. Al invertir en la construcción de carreteras, puentes y otras infraestructuras clave, se pueden crear oportunidades de empleo a corto plazo. Aunque estos proyectos responden a las necesidades inmediatas de empleo y contribuyen a los beneficios económicos a largo plazo a través de la mejora de la logística y la conectividad, no abordan el cambio subyacente en la dinámica del empleo impulsado por el avance tecnológico.

La esencia de esta transición reside en reimaginar la educación y la formación profesional para adaptarlas a las exigencias de una economía dominada por lo digital. Curiosamente, a medida que la inteligencia artificial se hace con el control de los análisis de datos rutinarios y las tareas de toma de decisiones, el valor de una educación en artes liberales puede ser testigo de un resurgimiento. En un mundo inundado de datos y procesos automatizados, la capacidad de pensar de forma crítica, creativa y desde diversas perspectivas se convierte en un activo valioso. Así, campos tradicionalmente considerados menos directamente aplicables a la vanguardia de la tecnología, como las artes, la filosofía y las lenguas extranjeras, pueden ver aumentada significativamente su relevancia y demanda.

Sin embargo, el reto global trasciende los ámbitos de la educación y la formación profesional. Se trata de la monumental tarea de abordar el desplazamiento de millones de trabajadores, consecuencia de la dirección y la velocidad con que avanza la tecnología. Al contemplar el futuro del trabajo, debemos reconocer que requiere no sólo adaptabilidad e innovación, sino también un profundo compromiso con la inclusión y la sostenibilidad. Tenemos la tarea de garantizar que los beneficios de esta revolución digital se distribuyan equitativamente y que existan estrategias para apoyar a quienes se encuentran al margen del progreso tecnológico.

Este es un momento crucial en la historia, que marca la primera vez que los seres humanos no están siendo empujados hacia niveles de trabajo cada vez más complejos, sino que, por el contrario, están siendo eliminados de tareas repetitivas en todo el espectro. Desde el trabajo repetitivo de alto nivel que realiza un neurocirujano hasta las tareas mundanas de un obrero de fábrica, nuestro modelo económico tradicional se enfrenta a una crisis de relevancia. Esta situación es análoga al momento en que a una mujer embarazada se le revienta el bolso; el acontecimiento señala un cambio inminente, pero no implica una transformación inmediata. Este es el punto crítico en el que nos encontramos hoy.

Entonces, ¿por qué no participamos más activamente en los debates sobre lo que viene después del capitalismo y el comunismo? ¿Cuál será el próximo sistema económico que abordará el panorama en evolución?

La fascinación por los últimos avances de la tecnología de IA, aunque cautivadora, no debe distraernos de los debates urgentes necesarios para nuestro futuro colectivo. El diálogo en torno a la inteligencia artificial y el mercado laboral debe ir más allá de las redes sociales y las noticias.

Este libro pretende profundizar en la fricción histórica entre la tecnología y el trabajo humano e invitar a los lectores a reflexionar sobre nuestro futuro social.

Comprender esta historia llena de matices ayuda a iluminar los puntos críticos de fricción que han dado forma a nuestras estructuras económicas y sociales a lo largo del tiempo. Ante el potencial de cambio transformador de la inteligencia artificial, nuestro reto no es sólo adaptarnos, sino configurar proactivamente un futuro que esté en consonancia con nuestros valores y aspiraciones comunes.

Este es un llamado a una reflexión colectiva más profunda sobre la intersección de la tecnología, el trabajo y la sociedad. Revisando las lecciones del pasado y considerando las realidades de nuestro presente, podemos forjar un camino hacia un futuro que aproveche el poder de los avances tecnológicos al tiempo que prioriza el bienestar humano, la equidad y el desarrollo sostenible. Esta detallada exploración pone de relieve que nos encontramos en un momento crucial de la historia.

La transición de una economía fuertemente dependiente de la manufactura y los servicios tradicionales a otra centrada en la tecnología y los servicios digitales no es simplemente un cambio en los tipos de empleos disponibles, sino que representa una transformación fundamental del propio tejido laboral. Esta transformación requiere un enfoque global y con visión de futuro del desarrollo de la mano de obra, la política económica y el bienestar social, dirigido a crear un futuro en el que el trabajo sea integrado, equitativo y enriquecedor para todos.

Tendremos que ir más allá de maravillarnos con la innovación tecnológica por sí misma y centrarnos en crear una sociedad que beneficie a todos sus miembros, garantizando un equilibrio armonioso entre el proceso tecnológico y la realización humana.

CAPÍTULO 1 - LA

REVOLUCIÓN INDUSTRIAL

Y LA MECANIZACIÓN

Las técnicas utilizadas por todos los pueblos, ya sean rudimentarias o elaboradas, conforman sus civilizaciones. Este es quizá uno de los factores más básicos para explicar la historia, ya que condiciona todos los modos de producción y es uno de los elementos fundamentales del proceso evolutivo humano.

Desde la primera utilización de las plantas hace millones de años, pasando por la domesticación de los animales que comenzó hace unos 20.000.000 años, hasta el aprovechamiento de los recursos del suelo hace unos 5.000.000 años, todo aquello ha conducido al momento que vivimos hoy.

Uno de estos procesos, sin embargo, puede considerarse el más importante, y de él hablaremos en este capítulo. En palabras de Benjamin Franklin (1706 - 1760): "El hombre es un animal que fabrica instrumentos". Esto se debe a que desde la prehistoria se han producido innovaciones en la forma en la que los seres humanos utilizan su entorno. Un ejemplo de ello es la forma en la que denominamos los periodos prehistóricos: Edad de la piedra astillada, de la piedra pulida, del cobre, del bronce, del hierro, etc.

La Revolución Industrial, que comenzó a finales del siglo XVIII en Inglaterra, marcó un punto de inFLexión crucial en la historia de la humanidad, desencadenando profundos trastornos sociales, económicos y tecnológicos. Esta época se caracterizó por la aparición de nuevas máquinas y procesos de producción, que impulsaron la mecanización de las industrias y cambiaron fundamentalmente la forma en que trabajamos hasta nuestros días.

Nunca antes en la larga historia de la humanidad se han utilizado el trabajo y la tecnología de forma tan conjunta e inseparable. Según el científico Gordon Childe (1892-1957): "Por tecnología debe entenderse el estudio de aquellas actividades dirigidas a la satisfacción de las necesidades humanas, que producen cambios en el mundo material".

Lynn Townsend White Jr. (1907-1987), historiador estadounidense, se refiere a la tecnología como un conjunto de técnicas humanas - como en el griego Tékhnē, que significa habilidad, arte. Un concepto filosófico utilizado para referirse al acto de fabricar algo - en el que:

"Los hombres extraen de su hábitat, mediante su tecnología, los alimentos, el cobijo, el vestido y las herramientas que necesitan para sobrevivir. Los objetos que fabrican y utilizan para estos fines se clasifican generalmente bajo el epígrafe de cultura material."

El concepto de Tékhnē es de origen griego y describe una forma de conocimiento práctico relacionado con el arte, la técnica y la habilidad manual. En la filosofía griega antigua, Tékhnē contrasta con episteme, que se refiere al conocimiento teórico y científico.

Tékhnē se refiere a la capacidad de producir algo mediante habilidades técnicas y prácticas. Abarca diversos ámbitos, desde las bellas artes y la música hasta la medicina y la construcción, por lo que implica el dominio de técnicas específicas, el desarrollo de habilidades manuales y la aplicación práctica de conocimientos para alcanzar un objetivo concreto.

Un aspecto importante de la Tékhnē es que no se limita a los conocimientos técnicos, sino que también incluye una dimensión ética y estética.

En la filosofía griega, la Tékhnē se consideraba una forma de expresión creativa y una manifestación de la excelencia humana. Los artesanos y artistas eran valorados por su capacidad para crear objetos bellos y funcionales, demostrando maestría en su particular Tékhnē.

El término Tékhnē también instruyó en el desarrollo de la palabra "tecnología" en inglés y otros idiomas. Aunque el significado moderno de "tecnología" se asocia más con dispositivos y sistemas mecánicos, eléctricos y digitales, la raíz del término hunde sus raíces en el concepto más amplio de Tékhnē como habilidad técnica y práctica.

Para nosotros, los modernos, tecnología es sinónimo de máquinas de diversos tipos: barcos de vapor, locomotoras y coches, así como de inventos como la imprenta, la fotografía, la radio, la televisión e internet, que forman parte inseparable de la historia de la humanidad y de nuestra evolución.

Puede decirse, por tanto, que la tecnología es mucho más que herramientas, máquinas y procesos, sino más bien la evidencia latente del trabajo humano en nuestros intentos de satisfacer necesidades mediante la acción humana sobre objetos físicos.

Por eso es tan importante este capítulo inicial sobre la Revolución Industrial: porque nunca en la historia de la humanidad el trabajo humano, en un intento de satisfacer las necesidades primarias de vestido, calor y energía de sus gentes, se ha puesto tanto en práctica como a finales del siglo XIX, especialmente en Inglaterra.

Antes de entrar en el tema de la Revolución Industrial, es importante subrayar que el concepto de Industria siempre está siendo revisado por la humanidad, no sólo lo que se hacía en la Inglaterra del siglo XVIII -éste es el concepto moderno de Industria, que perdura hasta nuestros días, con algunas diferencias, por supuesto-, sino todo lo que rodea al espectro de la producción humana.

Y es que, como ya hemos dicho, la historia de la industria incluye la fase artesanal, la fase manufacturera y la fase industrial propiamente dicha. Todas las civilizaciones antiguas conocidas utilizaron utensilios y máquinas, por rudimentarias que fueran. Así pues, en sentido amplio, se considera industria todo esfuerzo por ayudar o sustituir al trabajo humano, desde el más simple hasta el más elaborado.

La introducción de máquinas de vapor, telares mecánicos y otros equipos revolucionarios en la Inglaterra del siglo XVIII provocó una inmensa perturbación tecnológica. Los trabajos que antes realizaban manualmente los artesanos fueron sustituidos por máquinas, generando un crecimiento económico sin precedentes. Sin embargo, este cambio también tuvo un impacto profundo y a menudo perturbador en la vida de las personas, provocando el desplazamiento de trabajadores y la obsolescencia de las habilidades artesanales tradicionales.

También hay que resaltar que, aunque el Reino Unido ya existía en aquella época, la Revolución Industrial se limitó a Inglaterra y Escocia, ya que sus vecinos Irlanda y Gales no formaron parte de ella.

Es importante señalar, en primer lugar, qué sectores se desarrollaron y caracterizaron la Revolución Industrial: la máquina de vapor, los tejidos de algodón con nuevas formas de hilar y tejer y, por último, la industria pesada, con la minería y la metalurgia.

El impacto generado por estas innovaciones no tuvo precedentes en la historia de la humanidad y afectó incluso a otros segmentos productivos de la industria. Esto se debe a que, aunque el vapor, como elemento energético, ya era bien conocido en el trabajo humano, su uso no estaba automatizado.

Entrando en detalles, lo cierto es que antes de la Revolución Industrial, el vapor ya se utilizaba como medio para ayudar a transportar lo que se extraía en las minas de carbón, con la ayuda de hombres o animales. Un problema al que también había que hacer frente era la inundación de las minas por el agua, sin que hubiera una forma rápida de eliminarla. Finalmente, Thomas Newcomen (1663-1729) dio con la solución perfecta: con el uso de un cilindro de pistón móvil, así como de grifos y válvulas, consiguió la automatización completa de la máquina de vapor.

Así, la máquina de vapor de Thomas Newcomen se utilizó ampliamente en Inglaterra y Holanda para drenar minas, secar tierras y distribuir agua a las ciudades.

Aunque es difícil establecer una fecha exacta para el inicio de este fenómeno, se podría decir que las cosas empezaron a tomar forma en 1769, cuando James-Watt (1736-1819) perfeccionó la máquina de vapor de Newcomen, haciéndola más eficiente. Paralelamente, otro caballero llamado Richard Arkwright (1732-1792) había perfeccionado el telar hidráulico para su uso en la industria textil. A ello se unió la invención de las locomotoras, capaces de transportar la producción industrial de los telares de vapor a los puertos de toda Inglaterra, garantizando así el éxito económico de la empresa. La invención del ferrocarril, como menciona Francisco Iglesias en su libro "La Revolución Industrial", supuso un hito económico, social y aduanero.

También hay que subrayar que el fenómeno de la Revolución

Industrial sólo tuvo lugar en Inglaterra gracias a sus inmensas minas de carbón, marcando así una etapa en la historia del proceso productivo mundial. No fue casualidad, es cierto: sólo Inglaterra, de entre todos los demás países, estaba preparada para tal hazaña, ya que los demás países europeos no contaban con la unidad que les proporcionaba la Commonwealth. Para ponerlo en perspectiva, Inglaterra era conocida como tal desde el siglo XIII, cuando en 1215 barones y caballeros impusieron a Juan sin Tierra (1167-1216) la Carta Magna para frenar los abusos y garantizar las libertades públicas.

Además, fueron pioneros en la navegación, cuando en 1385, Ricardo II (1367-1400) ordenó que los productos ingleses sólo se transportarán en barcos ingleses, una medida que preparó el terreno para el industrialismo. Como puede ver, antes de hablar de la Revolución Industrial, hay mucho que hablar de la historia de Gran Bretaña, cuya política más exitosa fue la de Oliver Cromwell (1599-1658). Durante este periodo se aprobó la Ley de Navegación de 1651, que establecía que el cabotaje y la pesca sólo podían ser realizados por barcos británicos, así como los productos de otros orígenes podían ser traídos por barcos de las respectivas nacionalidades o por buques con tres cuartas partes de tripulación y capitán británicos.

Años más tarde tuvo lugar la Revolución de 1688, de carácter religioso y político, en defensa del protestantismo y de las libertades parlamentarias y públicas, que dio lugar a los inicios del mercantilismo y del comercialismo, movimientos sin los cuales la Revolución Industrial no habría existido ni habría tenido sentido.

Poco después de la revolución, conocida como la "Revolución Gloriosa", se creó el Banco de Inglaterra y se estableció la Compañía de las Indias, que ayudó a traer el algodón que más tarde se convertiría en la materia prima de las prósperas industrias inglesas.

Comenzaba así un movimiento sin retorno que cambiaría para siempre la dinámica del comercio mundial, así como la vida de todos los seres humanos que han pisado y pisarán esta tierra.

Uno de los primeros grandes cambios provocados por este movimiento fueron los enclosures, también conocidos como "Enclosure Acts", que consistieron en diversas leyes promulgadas por el Parlamento inglés con el fin de acabar con las pequeñas explotaciones de tierra, anteriormente propiedad de pequeños agricultores y artesanos que vivían de la tierra, para encerrar las pequeñas explotaciones en grandes campos abiertos y así atender mejor la demanda de lana procedente de las fábricas de la ciudad.

Como puede verse, la correlación entre los llamados cercados y la industria es innegable: sus propietarios ahora tenían que abandonarlos, puesto que ya no tenían posesión de ellos, y emigran a las ciudades para trabajar en las fábricas situadas en las ciudades, que ahora crecen a un ritmo desenfrenado. A muchos les dieron viviendas precarias o ninguna vivienda cuando llegaron a las ciudades. Mientras tanto, se propagaban las enfermedades, no había agua potable y las jornadas laborales eran insoportables.

Puede decirse, por tanto, que este fenómeno vino acompañado de un cambio en la distribución geográfica del trabajo, con la concentración de la población en los centros urbanos industriales. Antes, el artesano que trabajaba ensamblando sillas para venderlas a sus vecinos en su pueblo local -en su tiempo libre y a su ritmo- ahora trabaja manejando una máquina tres veces más alta que él en la mayor fábrica de muebles de Inglaterra, situada en una ciudad que no hace más que crecer y cuyos precios de subsistencia superan con creces su salario. Este era el zeitgeist en Inglaterra al comienzo de la Revolución Industrial.

Se desarrollaba la economía de mercado: había que comprarlo todo si no se vivía en campo abierto, sino en centros urbanos.Era el principio del fin del feudalismo inglés, que más tarde se corresponde con la edad de oro del Imperio Británico.

Un efecto notable de la Revolución Industrial inglesa fue la intensa urbanización que siguió a este movimiento, debido a la tremenda industrialización que tuvo lugar en las ciudades, provocando un éxodo de trabajadores del campo a los centros urbanos. Con la excepción de Londres, las ciudades industriales de Inglaterra comenzaron a surgir en el siglo XVIII.

Echemos un vistazo al estilo de vida en las ciudades en la época de la Revolución Industrial:

"Con el rápido crecimiento de las ciudades, ir de compras se ha convertido en una parte importante de la vida cotidiana. Mirar escaparates y comprar artículos se convirtieron en una actividad cultural por derecho propio y se abrieron muchas tiendas exclusivas en barrios urbanos de moda: en Strand y Piccadilly, en Londres, por ejemplo, y en ciudades balneario como Bath y Harrogate. La prosperidad y la expansión de industrias manufactureras como la cerámica y la metalurgia aumentaron drásticamente las posibilidades de elección de los consumidores. Si antes los trabajadores comían en platos de metal con utensilios de madera, ahora lo hacían en porcelana de Wedgwood. Los

consumidores empezaron a demandar un sinfín de nuevos utensilios y mobiliario doméstico: cuchillos y tenedores de metal, por ejemplo, así como alfombras, espejos, cocinas, ollas, sartenes, relojes y una vertiginosa variedad de muebles. Había llegado la era del consumo de masas". Georgian Britain, The rise of consumerism, Dr Matthew White, Biblioteca Británica.

La Revolución Industrial fue el primer periodo de la historia en el que se produjo un aumento simultáneo de la población y de la renta per cápita.

Según Robert Hughes en The Fatal Shore, la población de Inglaterra y Gales, que se mantuvo estable en seis millones de habitantes de 1700 a 1740, aumentó espectacularmente después de 1740. La población de Inglaterra se duplicó con creces, pasando de 8,3 millones en 1801 a 16,8 millones en 1850 y, en 1901, casi se duplicó de nuevo hasta alcanzar los 30,5 millones.

La mejora de las condiciones hizo que la población británica pasará de 10 millones a 40 millones en 1800. La población europea pasó de unos 100 millones en 1700 a 400 millones en 1900.

El crecimiento de la industria moderna desde finales del siglo XVIII ha provocado una urbanización masiva y la aparición de nuevas grandes ciudades, primero en Europa y luego en otras regiones, a medida que las nuevas oportunidades atraían a un gran número de emigrantes de las comunidades rurales a las zonas urbanas. En 1800, sólo el 3% de la población mundial vivía en ciudades, frente a casi el 50% a principios del siglo XXI.

Como ya se ha mencionado, la industrialización condujo a la creación de la fábrica. El sistema fabril contribuyó al crecimiento de las zonas urbanas, ya que un gran número de trabajadores emigró a las ciudades en busca de trabajo en las fábricas. En ningún lugar quedó esto mejor ilustrado que en las fábricas e industrias asociadas de Manchester, apodada "Cottonopolis" (algodón en inglés), y primera ciudad industrial del mundo. Manchester multiplicó por seis su población entre 1771 y 1831. La ciudad tenía una población de 10.000 habitantes en 1717, pero en 1911 había crecido hasta los 2,3 millones de habitantes. Bradford, por su parte, creció un 50% cada diez años entre 1811 y 1851, y en 1851 sólo el 50% de la población de Bradford había nacido allí.

Al mismo tiempo, surgió la clase burguesa, fortalecida por la experiencia comercial resultante del desarrollo marítimo de los siglos XV y XVI, el comercio de esclavos permitido y avalado por la corona británica, y ahora la Revolución Industrial, que les permitió acumular más capital.

Así, al declinar el poder económico de la aristocracia, surgió esta nueva clase llamada burguesía, marcada por los nouveaux-riches (nuevos ricos, en francés, como se les llamaba). Su riqueza no era generacional, sino el resultado de sus inversiones en el comercio y la industria, posibilitadas por este nuevo movimiento que hoy llamamos Revolución Industrial.

La mecanización permitió a esta nueva clase social acumular cada vez más capital, lo que acabó generando malestar entre ellos y los trabajadores precarios de sus fábricas.

Por ejemplo, Manchester, notable centro industrial hasta nuestros días, no era más que una aldea hacia 1700 y en 1800 había alcanzado los 100.000 habitantes. Birmingham tenía 25.000 habitantes en 1740 y 70.000 en 1800. Bristol, Liverpool y Norwich tenían más de 25.000 habitantes. Sólo una quinta parte de los ingleses vivía en ciudades.

Así, el rápido crecimiento demográfico del siglo XIX incluyó las nuevas ciudades industriales y manufactureras, así como centros de servicios como Edimburgo y Londres. El factor crítico fue la financiación, gestionada por sociedades de construcción que trataban directamente con grandes empresas contratistas. El alquiler privado a propietarios de viviendas era el régimen de tenencia dominante. La gente se mudó tan rápidamente que no había suficiente capital para construir viviendas adecuadas para todos, por lo que los recién llegados con bajos ingresos se apretujaron en barrios marginales cada vez más superpoblados. El agua potable, el saneamiento y las instalaciones de salud pública eran inadecuadas; la tasa de mortalidad era alta, especialmente la mortalidad infantil y la tuberculosis entre los adultos jóvenes. El cólera provocado por el agua contaminada y la fiebre tifoidea eran endémicos.

El crecimiento fue tal que, en un momento dado, las ciudades inglesas empezaron a llamarse el país negro, debido al exceso de gases, polvo, humo y contaminación que emanaban de las industrias que no hacían más que aumentar de tamaño.

Las estimaciones sobre el impacto de la Revolución Industrial en la creación y desaparición de puestos de trabajo varían, pero es innegable que se produjo un cambio significativo en la estructura del mercado laboral. Aunque surgieron nuevas oportunidades de empleo en las industrias en expansión, muchos trabajadores se encontraron en paro o empleados en condiciones precarias.

Como puede verse, a pesar de todos los avances logrados,

la Revolución Industrial también tuvo una serie de efectos negativos para quienes la presenciaron. Entre ellos, podemos mencionar: el desempleo generado por las máquinas, la desaparición de ciertos tipos de profesionales para satisfacer la demanda de las fábricas, la migración forzosa de la población del campo a las ciudades, así como la creciente contaminación en ciudades que ahora son conocidas por sus movimientos manufactureros, como Manchester y Liverpool.

Además, la relación entre la jornada laboral y el trabajo esclavo también se vio afectada por la Revolución Industrial. Aunque las nuevas máquinas aumentaron la eficiencia de la producción, muchos trabajadores se vieron sometidos a largas jornadas laborales en condiciones inhumanas, a veces comparables al trabajo esclavo.

Los niños e incluso las mujeres embarazadas eran sometidos a jornadas insoportables, que a menudo superan las 16 horas ininterrumpidas, seis días a la semana, en condiciones insalubres y peligrosas, con salarios inferiores al nivel de subsistencia.

Aunque la esclavitud disminuyó en muchas partes del mundo durante el siglo XIX -a menudo impuesta por Inglaterra a otros países, reinos y colonias que utilizaban mano de obra esclava en sus plantaciones-, las condiciones de trabajo en las fábricas inglesas se comparaban a menudo con el trabajo esclavo debido a la explotación y el abuso de los trabajadores.

No era infrecuente, por ejemplo, que los propietarios de las fábricas emplearan a niños para realizar determinados servicios en las minas de carbón o para el mantenimiento de la maquinaria de las fábricas, ya que, gracias a sus diminutas proporciones, podían introducirse por los agujeros más pequeños de las minas, así como acceder a las piezas más pequeñas de la maquinaria industrial.

Este momento, considerado hoy un eje de la historia de la humanidad, fue el responsable de la aparición de las primeras revueltas obreras y, como consecuencia, de las primeras leyes laborales.

En este sentido, la revuelta contra las máquinas tuvo lugar a lo largo de toda la Primera Revolución Industrial, ya que eran vistas como el enemigo por los trabajadores, pues provocaban que sus salarios disminuyeran cada vez más y que sus condiciones de trabajo fueran cada vez más precarias.

En cuanto a la calidad de vida de los trabajadores, el hambre y la malnutrición fueron la norma para la mayoría de la población mundial, incluidas Gran Bretaña y Francia, hasta finales del siglo XIX. Hasta alrededor de 1750, en gran parte como consecuencia de la malnutrición, la esperanza de vida en

Francia era de unos 35 años y de unos 40 en Gran Bretaña.

La población de Estados Unidos en aquella época estaba adecuadamente alimentada, era mucho más alta por término medio y tenía una esperanza de vida de 45 a 50 años, aunque la esperanza de vida estadounidense descendió unos años a mediados del siglo XIX.

Las tecnologías iniciales de la Revolución Industrial, como el textil mecanizado, el hierro y el carbón, hicieron poco o nada por bajar los precios de los alimentos. En Gran Bretaña y los Países Bajos, el suministro de alimentos aumentó antes de la Revolución Industrial debido a la mejora de las prácticas agrícolas; sin embargo, la población también creció, como observó Thomas Malthus. Esta situación se conoce como la trampa maltusiana y con el tiempo empezó a superarse gracias a las mejoras en el transporte, como los canales, la mejora de las carreteras y los barcos de vapor. El ferrocarril y los barcos de vapor se introdujeron hacia el final de la Revolución Industrial.

Nombres como Robert Owen y Friedrich Engels (1820-95) destacaron como defensores de los derechos de los trabajadores, mientras que en Inglaterra acontecimientos como la revuelta ludita (que dio nombre al ludismo o "movimiento ludista", liderado por Ned Ludd) de 1811, en los distritos industriales del centro, pusieron de manifiesto el conFLicto entre trabajadores y propietarios de fábricas. Lord Byron (1788-1824), poeta de fama mundial, escribió *Song for the Luddities* en apoyo del movimiento ludita, por considerarlo un eficaz clamor revolucionario.

Engels fue incluso el primero en utilizar el término "Revolución Industrial" en su obra de 1845 "La situación de la clase obrera en Inglaterra". El término también aparece más tarde en los "Principios de economía política" de John Stuart Mill (1806-1873) de 1848 y, el más famoso, en "El Capital" de Karl Marx (1818-1873) en 1867.

El ludismo, como ya se ha mencionado, fue un movimiento de hilanderas y tejedoras inglesas que, en los primeros tiempos de la Revolución Industrial, se hicieron famosas por destruir máquinas en señal de protesta. Los luditas creían que la maquinaria se utilizaba de forma "fraudulenta y engañosa" para eludir las prácticas laborales tradicionales.

Al principio, las huelgas luditas fueron respondidas con disparos de los propietarios de las máquinas. Finalmente, el movimiento fue reprimido por las fuerzas militares, y el endurecimiento de la legislación británica se tradujo en severas penas para los participantes en el movimiento.

Con el tiempo, el término "luddismo" ha prevalecido como

movimiento de reacción al progreso técnico -industrialización, mecanización, automatización y nuevas tecnologías en general-, aunque esta interpretación está sujeta a revisión por parte de los historiadores.

El movimiento ludita culminó con el asalto nocturno a la fábrica de tejidos de William Cartwright, en el condado de York, en abril de 1812.Al año siguiente, en la misma ciudad, tuvo lugar el mayor juicio contra los ludditas: de las 64 personas acusadas de atacar la fábrica de Cartwright, 13 fueron condenadas a muerte y dos a la deportación a las colonias. A pesar de la dureza de las sentencias, el movimiento ludita no se enfrió, ya que los trabajadores seguían viviendo en condiciones espantosas.

Pero el ludismo se hizo cada vez más hostil a los empresarios británicos, que recurrieron al Parlamento para crear leyes más estrictas que castigaran a los trabajadores implicados en revueltas. En el Reino Unido ya existía una ley de 1721 que establecía la deportación como pena máxima por destruir maquinaria. Sin embargo, a partir de 1812 se aprobó la Frame-Breaking Act, que establecía la pena de muerte como castigo máximo para los implicados en la destrucción de maquinaria. A partir de entonces, la persecución de los luditas se hizo implacable. Cientos de personas fueron detenidas, torturadas y ejecutadas.

Finalmente, el desarrollo industrial y la creación de los primeros sindicatos limitaron el alcance y las posibilidades de las revueltas luditas, determinando el declive del movimiento a partir de mediados del siglo XIX.

La Revolución Industrial concentró el trabajo en molinos, fábricas y minas, lo que facilitó la organización de sindicatos para promover los derechos de los trabajadores. El poder de un sindicato podía exigir mejores condiciones, arrebatando toda la mano de obra y provocando el consiguiente cese de la producción. Los empresarios tenían que decidir entre ceder a las demandas sindicales a costa de sí mismos o sufrir el coste de la producción perdida. Los trabajadores cualificados eran difíciles de reemplazar y éstos fueron los primeros grupos que consiguieron mejorar sus condiciones mediante este tipo de negociación.

El principal método utilizado por los sindicatos para lograr cambios era la huelga. Muchas huelgas fueron dolorosas para ambas partes, sindicatos y patronal. En Gran Bretaña, la Ley de Combinación de 1799 prohibía a los trabajadores formar cualquier tipo de sindicato hasta su derogación en 1824. Incluso después de eso, los sindicatos seguían estando severamente restringidos. En 1834, un periódico británico describió los sindicatos como "las instituciones más peligrosas que jamás se hayan permitido arraigar, al amparo de la ley, en ningún país (...)".

Sin embargo, estas luchas condujeron a la promulgación de leyes pioneras, como las Factory Acts de 1833 -entendidas en realidad como una serie de leyes- en Inglaterra, que establecían límites al trabajo infantil y regulaban las condiciones laborales.

Inicialmente, la primera de la serie de leyes se centró en la regulación de las horas de trabajo y el bienestar moral de los niños empleados en las fábricas de algodón, denominada "Ley de Salud y Moral de los Aprendices de 1802", e introducida por Sir Robert Peel. La ley respondía a la preocupación de los médicos de Manchester por la salud y el bienestar de los niños empleados en las fábricas de algodón, expresada por primera vez por ellos en 1784, en un informe sobre un brote de "fiebre pútrida" en una fábrica de Radcliffe, propiedad de Peel.

Aunque la ley incluía algunos requisitos de higiene para todas las fábricas textiles, se centraba sobre todo en el empleo de aprendices; dejaba sin regular el empleo de niños "libres" (no contratados).

Permitía (pero no exigía) que los magistrados locales hicieran cumplir sus requisitos, por lo que en gran medida no se aplicó.

Como primer intento de mejorar la situación de los niños de las fábricas se considera a menudo una preparación para la futura Ley de Fábricas de 1833. La Ley estipulaba que cada aprendiz debía recibir dos juegos de ropa, sábanas adecuadas, medias, sombreros y zapatos, y un juego nuevo cada año. El aprendiz no podía trabajar de noche (de 9 de la noche a 6 de la mañana), y su jornada laboral no podía superar las 12 horas diarias, sin contar el tiempo de descanso. Se estableció un periodo de gracia para que las fábricas tuvieran tiempo de adaptarse, pero todo el trabajo nocturno de los aprendices debía cesar en junio de 1804.

Todos los aprendices debían recibir formación en lectura, escritura y aritmética durante los cuatro primeros años de su aprendizaje. La ley especifica que esto debe hacerse todos los días laborables dentro de las horas normales de trabajo, pero no especifica cuánto tiempo debe reservarse para ello. Las clases educativas debían impartirse en una parte de la fábrica o planta destinada a este fin. Cada domingo, durante una hora, los aprendices debían aprender la religión cristiana; cada dos domingos, debía celebrarse misa en la fábrica, y cada mes los aprendices debían visitar una iglesia. Debían prepararse para comulgar en la Iglesia de Inglaterra entre los 14 y los 18 años y ser examinados por un clérigo al menos una vez al año. Los aprendices masculinos y femeninos debían dormir separados y no más de dos por cama.

Además, la ley debía exhibirse en al menos dos lugares de la fábrica. Los propietarios que se negaran a cumplir cualquier parte de la ley podían ser multados con entre 2 y 5 libras (de dos a cinco libras esterlinas).

A continuación se promulgó la Ley de Fábricas y Molinos de Algodón de 1819, que establecía que no se debía emplear a ningún niño menor de 9 años y que los niños de 9 a 16 años estaban limitados a 12 horas de trabajo al día. Sólo se aplicaba a la industria algodonera, pero abarcaba a todos los niños, aprendices o no. Fue llevada al Parlamento por Sir Robert Peel; inicialmente fue redactada por Robert Owen en 1815, pero la ley que se promulgó en 1819 era muy inferior a la versión inicial de Owen. Además, en la práctica no se podía hacer cumplir: la aplicación se dejaba en manos de los magistrados locales, pero éstos sólo podían inspeccionar una fábrica si dos testigos habían declarado bajo juramento que la fábrica infringía la ley.

Estas leyes no se aplicaron de forma efectiva hasta que la Ley de 1833 estableció una Inspección de Fábricas profesional. La regulación de las horas de trabajo se amplió entonces a las mujeres mediante una Ley de 1844.

Como resultado, la Ley de Fábricas de 1844 estableció de nuevo una jornada laboral de doce horas, siendo sus principales disposiciones:

a) Los niños de 9 a 13 años pueden trabajar 9 horas al día con una pausa para comer;

b) Las edades deben ser comprobadas por los cirujanos.

c) Las mujeres y los jóvenes trabajaban ahora el mismo número de horas.

d) No podían trabajar más de 12 horas diarias entre semana, incluida una hora y media para las comidas, y 9 horas los domingos.

e) Todos deben comer a la misma hora y no pueden hacerlo en la sala de trabajo.

f) El cronometraje debe realizarse mediante un reloj público aprobado por un inspector.

g) Algunas clases de máquinas: todos los volantes conectados directamente a la máquina de vapor o a la rueda hidráulica u otra fuerza mecánica, estén o no en la sala de máquinas, y todas las partes de una máquina de vapor y de una rueda hidráulica, y todos los cabrestantes cerca de los cuales puedan pasar o trabajar niños o jóvenes, y todas las partes del engranaje del molino (incluidos los ejes de transmisión) en una fábrica deben estar "valladas de seguridad".

h) Los niños y las mujeres no deben limpiar maquinaria en movimiento.

i) La muerte accidental debe comunicarse al cirujano e investigarse; el resultado de la investigación se comunicará a un inspector de fábrica.

j) Los propietarios de las fábricas deben lavarlas con cal cada catorce meses.

k) Se deben mantener registros completos en relación con las disposiciones de la Ley y mostrarlos al inspector a petición de éste.

l) Debe colgarse en la fábrica un resumen de la Ley modificada de forma que pueda leerse fácilmente y que contenga (entre otras cosas) los nombres y direcciones del inspector y subinspector de distrito, el cirujano certificador, las horas de inicio y finalización del trabajo, la cantidad de tiempo y la hora del día para las comidas.

m) Los inspectores de fábrica ya no tenían los poderes de los jueces de paz, pero (como antes de 1833) los propietarios de las fábricas, sus padres, hermanos e hijos estaban excluidos (si eran magistrados) de conocer de los casos de la Ley de Fábricas.

Posteriormente, en 1847, se aprobó la Ley de las Diez Horas, conocida como "Ley de Fábricas de 1847". Esta ley limitaba la semana laboral en las fábricas textiles (y otras industrias textiles, excepto la producción de encajes y seda) a las mujeres y los niños menores de 18 años.

A partir del 1 de julio de 1847, la semana laboral era de 63 horas, y se redujo a 58 horas a partir del 1 de mayo de 1848. En efecto, esta ley limitaba a 10 horas la jornada laboral de las mujeres y los niños, que antes era de 12 horas.

Esta ley se aprobó con éxito gracias a las aportaciones del Movimiento de las Diez Horas. Esta campaña se creó en la década de 1830 y fue la responsable de dar voz a las reivindicaciones para limitar la semana laboral en las fábricas textiles.

El núcleo del movimiento fueron los "Comités de jornada reducida" creados (por trabajadores y simpatizantes) en los distritos textiles, pero los principales portavoces de la causa fueron Richard Oastler (que lideró la campaña fuera del Parlamento) y Lord Ashley, VII conde de Shaftesbury (que lideró la campaña dentro del Parlamento). John Fielden, aunque no era un orador, se mostró infatigable en su apoyo a la causa, donando generosamente su tiempo y dinero y -como socio principal de una de las grandes empresas algodoneras- dando testimonio de la realidad de los males de una larga jornada laboral y de la viabilidad de cortarla.

Luego, en 1850, llegó la Ley de Fábricas de 1850, cuyas principales disposiciones eran:

Las mujeres y los jóvenes sólo podían trabajar de 6 de la mañana a 6 de la tarde o -en invierno, y previa autorización de un inspector de fábrica- de 7 de la mañana a 7 de la tarde, hasta el punto de que debían disponer de 90 minutos de tiempo total de descanso durante la jornada, y el máximo de horas trabajadas al día aumentaba a 10,5. Todo el trabajo terminaría el sábado a las 14.00 horas. La semana laboral se amplió de 58 a 60 horas.

Varias reuniones públicas en los distritos textiles aprobaron posteriormente mociones lamentando que la semana de 58 horas no se hubiera defendido con más fuerza, con varios defensores del Movimiento de las Diez Horas, como Cobbetts, Fieldens y Richard Oastler ofreciendo su apoyo y estando de acuerdo con las críticas, pero no pasó nada: las reuniones tuvieron poca asistencia y el Movimiento de las Diez Horas había seguido efectivamente su curso.

Uno de los primeros ejemplos significativos de sindicato fue la creación de la Grand National Consolidated Trades Union (GNTCU) en Gran Bretaña en 1834. Aunque la GNTCU duró poco y sufrió la represión de las autoridades y la patronal, sentó un importante precedente para la organización sindical posterior.

En 1867, sin embargo, se despenalizaron los sindicatos en Gran Bretaña (entonces conocidos como Trade Unions), cuando una Comisión Real acordó que la creación de sindicatos era ventajosa tanto para los empresarios como para los sindicatos.

Legalizado en 1871, el Movimiento Sindical pretendía reformar las condiciones socioeconómicas de los trabajadores de las industrias británicas. Así, el Congreso Sindical de 1873 consiguió la concesión general de la jornada laboral de nueve horas en los principales establecimientos de ingeniería del Reino Unido.

Así pues, lo que se desprende de este capítulo es que la Revolución Industrial inglesa, iniciada a mediados del siglo XVIII, fue un periodo de profundas transformaciones sociales, económicas y tecnológicas. Este periodo, que duró unos 70 años, estuvo marcado por la introducción de nuevas tecnologías, como la máquina de vapor y la mecanización textil, que impulsaron la producción industrial y cambiaron drásticamente el modo de vida de la población.

A lo largo de la Revolución Industrial, los trabajadores se enfrentaron a terribles condiciones laborales, largas jornadas, bajos salarios y explotación por parte de los propietarios de las fábricas. Esta precaria situación dio lugar a diversos movimientos para luchar por mejores condiciones de trabajo, derechos laborales y dignidad humana. Un hito en las luchas laborales fue la creación de los primeros sindicatos, que organizaban a los trabajadores y los representaban en las negociaciones con los empresarios. Las huelgas y las protestas también fueron herramientas importantes para presionar por el cambio. La lucha de los trabajadores fue fundamental para conseguir leyes que limitaban la jornada laboral, prohibían el trabajo infantil y establecían medidas de seguridad en las fábricas.

Por último, la Revolución Industrial fue uno de los acontecimientos más significativos de la historia de la humanidad, al marcar una transición fundamental en la forma en que la sociedad produce, consume y organiza el trabajo.

Su impacto fue vasto y duradero, moldeando profundamente la economía, la política, la cultura y la sociedad en general, y abrió la puerta a la Revolución Industrial inglesa de finales del siglo XIX y principios del XX para dar paso a una nueva fase: la automatización y el desarrollo de las cadenas de montaje.

La introducción de máquinas automatizadas y la organización de la producción en cadenas de montaje tenían como objetivo aumentar la eficacia y la productividad industrial, de lo que hablaremos en el próximo capítulo.

CAPÍTULO 2 – EL AUGE DE LA AUTOMATIZACIÓN Y LAS CADENAS DE MONTAJE

A finales del siglo XIX e inicios del siglo XX, la industria manufacturera estaba en auge. Sin embargo, los propietarios de estas industrias necesitaban racionalizar su línea de producción.

Para ello tuvieron que controlar más estrechamente el tiempo de los trabajadores, con el fin de optimizar este tiempo, con lo que el trabajador produciría más productos en la misma cantidad de tiempo trabajado. Otra cuestión que debía cambiar era la reducción de los costes de producción para aumentar los beneficios de quienes poseían los medios de producción.

A partir de entonces, los propietarios industriales empezaron a investigar nuevos métodos para aplicarlos a las líneas de producción, con el objetivo de racionalizar la producción de bienes para obtener mayores beneficios.

Todavía en el siglo XIX, el ingeniero estadounidense Frederick Taylor (1856-1915) estudió detenidamente los servicios prestados por los trabajadores en las fábricas. Basándose en estos estudios, Taylor propuso un nuevo método para las cadenas de producción: en lugar de que un trabajador desempeñara varias funciones en la producción de bienes, implantó la división del trabajo, en la que cada trabajador realizaría una única tarea repetitiva.

Con el auge del método de división del trabajo en las fábricas, desarrollado por Taylor, que pasaría a denominarse taylorismo, los grandes propietarios industriales empezaron a implantar este método en sus fábricas. La fábrica de automóviles de Henry Ford (1863-1947) fue una de las primeras en implantar el taylorismo a través de las cadenas de montaje.

Las cadenas de montaje pueden definirse como sistemas de producción orientados al flujo que se desarrollaron originalmente para la producción industrial de grandes cantidades de productos estandarizados. Así, una cadena de montaje es una serie de puestos de trabajo de montaje manuales o automatizados a través de los cuales se ensamblan secuencialmente uno o varios productos.

El producto ensamblado se transporta a través de cada estación mediante un dispositivo de transporte específico, como una cinta transportadora. Según la literatura especializada, la primera cadena de montaje conocida fue introducida poco después de la primera Revolución Industrial, por un estadounidense llamado Eli Whitney (1765-1825), durante la Revolución Francesa para la fabricación de fusiles.

No es nuevo para el lector que durante la vida de Whitney, más concretamente a partir de 1789, Francia atravesaba un intenso periodo de cambio político y social, conocido por su extrema belicosidad. De ahí la oportunidad para Whitney no sólo de vender fusiles a los disidentes del antiguo régimen, sino de crear una intrincada cadena de montaje de armas para atenderlos.

Aunque los intentos de establecer cadenas de montaje se remontan a las Guerras Púnicas -una serie de conflictos entre la República Romana y la ciudad-estado fenicia de Cartago entre 264 a.C. y 146 a.C.-. -, muchos fueron los que intentaron pero sólo a finales del siglo XIX empezaron a tener éxito ideas como ésta.

Este tipo de sistema de producción fue popularizado, como ya se ha mencionado, por Henry Ford en 1913, cuando desarrolló la primera cadena de montaje accionada mecánicamente para la producción de su famoso Modelo T.

Una de las principales preocupaciones de Ford durante el desenvolvimiento de la línea de montaje con accionamiento mecánico era la capacidad de caminar por el interior de la fábrica, esto se debe a que, en el comienzo, aún no se habían introducido las famosas cintas de correr que pueden verse en la sátira "Tiempos modernos", estrenada en 1936 por Charlie Chaplin (1889-1977)

Según Luis Felipe Gomes y Silva, profesor de Organización del Trabajo en la Escuela de Ingeniería de San Carlos de la Universidad de Sao Paulo:

"En aquella época era casi imposible caminar por la fábrica. Estaba tan abarrotada de trabajadores, máquinas, herramientas y pilas de material que no podías moverte sin caerte encima de un compañero o sobre los materiales. Se producían peleas entre los trabajadores. Se veían obligados a aumentar el ritmo de producción (...) La solución tecnológica a las caóticas condiciones de la fábrica fue, por supuesto, la cinta transportadora, que se introdujo en 1913 en la fábrica de Highland Park".

La intención principal de la cinta transportadora era sencilla: quitar el trabajo del suelo. De este modo las tareas volvieron a especializarse, llegando a un punto en el que todos los trabajadores podían realizar todas sus operaciones sin mover los pies. De este modo las competencias tradicionales se debilitaron aún más.

Así, la introducción de la cinta transportadora contribuyó en gran medida al debilitamiento y al cambio de las relaciones laborales, con el proceso de descualificación del trabajo, puesto que ya no eran los trabajadores quienes organizaban la producción.

A través de este sistema de producción, Ford logró un inmenso éxito en términos de productividad y reducción de costes, aspectos fundamentales para satisfacer el modelo de consumo existente en la época, basado en la comercialización de productos de bajo precio y poca variedad. Ford consiguió así un enorme éxito financiero con la introducción de las cadenas de montaje en sus fábricas.

Así nació el concepto de producción y consumo de masas, hito fundamental de la Segunda Revolución Industrial, marcada por la automatización y la aparición de cadena de montaje.

A partir de la cadena de montaje desarrollada por Ford, y de su indudable éxito en la sociedad capitalista de consumo de masas hasta mediados del siglo XX, las cadenas de montaje se adoptaron de forma generalizada para los bienes duraderos complejos, inicialmente en las industrias automovilística y de bienes eléctricos y más tarde en la industria electrónica. La producción en serie contribuyó así a reducir enormes costes en muchos tipos de industria durante un largo periodo.

Según Ford, los principios de la línea de montaje eran así:

1) Colocar las herramientas y los hombres en la secuencia de la operación, de modo que cada parte del componente recorra la menor distancia posible durante el proceso de acabado.

2) Utilizar cintas de trabajo u otras formas de transporte para que, cuando un trabajador termine su operación, deje siempre la pieza en el mismo lugar -que debe ser siempre el más conveniente a su alcance- y, si es posible, dejar que la gravedad la lleve sola al siguiente trabajador.

3) Utilizar líneas de trabajo deslizantes por las que las piezas a ensamblar se entreguen a distancias convenientes.

Tomemos el ejemplo del montaje de un coche: supongamos que determinadas etapas de la cadena de montaje son la instalación del motor, la instalación del capó y la instalación de las ruedas (en ese orden); sólo se puede realizar una de estas etapas a la vez. En la producción tradicional, solo se ensamblaría un coche a la vez. Si la instalación del motor dura

20 minutos, la del capó 5 y la de las ruedas 10, se puede fabricar un coche cada 35 minutos.

En una cadena de montaje, el ensamblaje de los coches se divide entre varias estaciones, todas trabajando simultáneamente. Cuando una estación termina con un coche, pasa a la siguiente. Al tener tres estaciones, pueden funcionar tres coches al mismo tiempo, cada uno en una fase diferente del montaje.

Una vez terminado el trabajo en el primer coche, el equipo de instalación del motor puede empezar a trabajar en el segundo. Mientras el equipo de instalación del motor trabaja en el segundo coche, el primero puede trasladarse a la estación de capó y equiparse con un capó y, a continuación, a la estación de ruedas y equiparse con ruedas.

Tras instalar el motor en el segundo coche, este pasa a montar el capó. Al mismo tiempo, el tercer coche pasa a montaje del capó. Cuando el motor del tercer coche está montado, puede pasar a la estación del capó., mientras tanto, los coches siguientes (si los hay) pueden pasar a la estación de instalación del motor.

Suponiendo que no se pierde tiempo al trasladar un coche de una estación a otra, la etapa más larga de la cadena de montaje determina el rendimiento (20 minutos para la instalación del motor), de modo que se puede fabricar un coche cada 20 minutos.

Como resultado del desarrollo de este método, los coches de Ford salían de la línea en intervalos de tres minutos. Esto era mucho más rápido que los métodos anteriores, aumentando la producción en ocho a uno (necesitando 12,5 horas de mano de obra antes, 1 hora y 33 minutos después) a la vez que se utilizaba menos mano de obra.

Tuvo tanto éxito que hubo escasez de pintura para los coches. Sólo el negro se secaba con suficiente rapidez, lo que obligó a la empresa a abandonar la variedad de colores disponibles antes de 1914 hasta que se desarrollaran nuevas pinturas de secado rápido.

La técnica de cadena de montaje fue parte integrante de la difusión del automóvil en la sociedad estadounidense. La reducción de los costes de producción hizo que el coste del Modelo T fuera asequible para la clase media estadounidense.

En 1908, el precio de un Modelo T rondaba los 825 dólares, y en 1912 había bajado a unos 575 dólares. Esta reducción de precio es considerable a una reducción de aproximadamente 27.000 dólares (veintisiete mil dólares) en 1908 a 18.000 dólares (dieciocho mil dólares) en 1913, calculando la inflación para el año 2024. En 1914, un trabajador de una cadena de montaje podía comprar un Modelo T con el salario de cuatro meses.

Los complejos procedimientos de seguridad de Ford -especialmente la asignación de cada trabajador a un lugar concreto en vez de permitirle desplazarse- contribuyeron a reducir drásticamente la tasa de lesiones en el lugar de trabajo.

La combinación de salarios elevados y alta eficiencia empezó a denominarse "fordismo" y fue copiada por la mayoría de las grandes industrias. El aumento de la eficiencia de la cadena de montaje coincidió también con el despegue de la economía estadounidense.

La cadena de montaje obligaba a los trabajadores a trabajar a un ritmo determinado con movimientos muy repetitivos, lo que se traducía en una mayor producción por trabajador, mientras que otros países solían utilizar métodos menos productivos.

Las ganancias de productividad permitieron a Ford aumentar el salario de los trabajadores de 1,50 a 5 dólares diarios una vez que los empleados habían cumplido tres años de servicio en la cadena de montaje.

Sin embargo, no todo era color de rosa: a medida que el trabajo se mecanizaba cada vez más, especialmente con la introducción de la cadena de montaje y la cinta transportadora en 1913, inicialmente en la planta de Highland Park, se produjeron importantes cambios en la forma de organizar el trabajo.

El trabajo se vuelve descualificado, fragmentario y repetitivo, perdiendo todo sentido de actividad de grupo. La planificación de las tareas, antes internalizada, pasa a ser desarrollada por el sector de producción de la empresa (externalizada), perdiendo los trabajadores la propiedad de la planificación.

Se produce una separación entre la concepción y la ejecución del trabajo. Lo que la empresa gana en términos de eficacia y productividad con la intervención de la dirección de producción, definiendo las tareas y los movimientos físicos de los trabajadores -en cierto modo, la cinta transportadora decide por ellos-, los trabajadores lo pierden en términos de autonomía de decisión y margen de maniobra en el control del proceso de trabajo.

Según Georges Friedmann (1902-1977), lo que caracteriza el trabajo en cadena, desde un punto de vista biopsicológico, son el parcelamiento de las tareas y la repetición de las operaciones, con trabajadores que sólo comparten con sus colegas el ritmo obligatorio de un trabajo no cualificado (el 73% de todos los empleos requieren un solo día de aprendizaje) en el que cada uno se limita a asociarse a una pequeña parte del conjunto del montaje.

Los historiadores afirman que en 1913, para mantener una plantilla de 15.000 personas, Ford tenía que contratar a 500 nuevos trabajadores al día. El primer conflicto de la empresa con los descontentos organizados tuvo lugar en 1912. Ford llegó a crear una oferta de mano de obra a partir de un plan de integración racial y de personas discapacitadas para mantener los niveles de producción en sus fábricas. En 1926, empleó a 10.000 (diez mil) de un total de 11.000 (once mil) negros que trabajaban en la industria de la ciudad de Detroit, Michigan. También empleó a 129 (ciento veintinueve) trabajadores sin brazos, antebrazos o manos, 37 sordomudos y 60 (sesenta) epilépticos.

Como ya se ha dicho, una de las estrategias más exitosas del fordismo fue el plan salarial. En enero de 1914, anunció un nuevo programa de reparto de beneficios, conocido como el "Día de los cinco dólares". Esto se debía a que el salario medio diario de los trabajadores no superaba los 2,34 dólares (dos dólares y treinta y cuatro centavos).

Desde muy pronto, los pequeños conflictos, los altos índices de absentismo, las huelgas y los sabotajes fueron moldeando con el tiempo nuevos estilos de gestión de los recursos humanos.

Con el fin de ganarse la lealtad, el celo y la dedicación de sus trabajadores, la industria automovilística desarrolla planes estratégicos contra cualquier amenaza de resistencia; cuando ha agotado las posibilidades de generar un clima social favorable para su industria, sale en busca de estas condiciones, llegando incluso a trasladar sus operaciones a regiones con "débil agitación obrera".

Ford llegó a crear una oferta de mano de obra a partir de un plan de integración racial y de personas discapacitadas para mantener los niveles de producción en sus fábricas. En 1926, empleó a 10.000 (diez mil) de un total de 11.000 (once mil) negros que trabajaban en la industria de la ciudad de Detroit, Michigan. También empleó a 129 (ciento veintinueve) trabajadores sin brazos, antebrazos o manos, 37 sordomudos y 60 (sesenta) epilépticos.

Como ya se ha dicho, una de las estrategias más exitosas del fordismo fue el plan salarial. En enero de 1914, anunció un nuevo programa de reparto de beneficios, conocido como el "Día de los cinco dólares". Esto se debía a que el salario medio diario de los trabajadores no superaba los 2,34 dólares (dos dólares y treinta y cuatro centavos).

Esta medida se tomó como medio de evitar el abandono en

las fábricas, ya que incluso con toda la tecnología empleada, la precariedad de los trabajadores era evidente. Al mismo tiempo, las industrias requerían cada vez más mano de obra especializada, que supiera manejar las máquinas, además de fabricar sus propios productos.

Además, ahora se sabe que la fragmentación extrema del trabajo humano, tal como se observa en movimientos como el fordismo y el taylorismo, es perjudicial para la productividad, ya que hace que el trabajo carezca de sentido para el obrero, que se pasa todo el día realizando una única y aburrida actividad. Esta dinámica fue brillantemente abordada por el cineasta Charlie Chaplin en su obra "Tiempos modernos", en la que el protagonista se encuentra empleado en una fábrica, donde las máquinas le dominan inevitable y completamente: una metáfora de la dinámica creada por la aparición de la automatización y las cadenas de montaje y, en definitiva, la industrialización del siglo XX.

Como se ha expuesto en el primer capítulo, la precariedad del trabajo no terminó en el siglo XX; al contrario, aumentó, desde la mecanización del trabajo preconizada por el taylorismo (que introdujo el modo de organización fabril postulando el desarrollo de métodos y organización del trabajo con el objetivo de controlar el tiempo dedicado a una determinada actividad) y continuada por el fordismo (que, como hemos visto, mejoró el sistema predecesor introduciendo el concepto de cadena de montaje y, La división del trabajo introducida por el sistema fabril supuso una separación extrema entre la concepción y la ejecución del trabajo, debilitando la representación que el trabajador tenía de su actividad y de su papel en la sociedad en general.

Esto se debe a que durante el siglo XIX, tras el establecimiento del modo de producción capitalista por la Revolución Industrial, se extendió la idea de que la riqueza de un país dependía del trabajo.

De este modo, el trabajo pasa de ser una esfera relativamente secundaria en otras épocas, cuyos objetivos eran meramente ocupar el tiempo y garantizar la subsistencia sin mayores ambiciones a largo plazo o a nivel macro, a desempeñar un papel de importancia fundamental, ya que ahora concentra no sólo la finalidad existencial, sino también la dedicación de gran parte del tiempo de vida de un individuo.

Sin embargo, la crisis que estalló en 1929 tuvo consecuencias drásticas para el sistema. Aunque esta crisis -así como sus consecuencias- y el caos que dejó tras de sí la Segunda Guerra Mundial empujaron al sistema a responder a la crisis que ha afectado parcialmente al sistema en los últimos años.

Fue durante este periodo cuando el patrón de producción taylorista/fordista fue el hilo conductor de una nueva era en la que entraba el capitalismo, la era de los "años dorados" - también conocidos como los 30 años gloriosos del capital-, que abarcó desde 1940 hasta 1969. Este período fue próspero para el capital, con excelentes condiciones laborales para los trabajadores y salarios elevados.

Y, como un ciclo, el período de prosperidad llegó a su fin, hubo una sobreproducción de bienes, se agotaron las salidas, la tasa de ganancia cayó bruscamente y fue inevitable un colapso mundial de la producción.

En este sentido, la automatización del trabajo no se detuvo con el fordismo en Estados Unidos, sino que llegó a otras partes del mundo, como el toyotismo japonés de los años setenta, que puede denominarse postfordismo, basado en un paradigma que favorece la producción descentralizada en pequeños lotes, Rexibilizada mediante la automatización y la práctica de diferentes tipos de contratos de trabajo, con el fin de alcanzar un mayor nivel de calidad y productividad, en detrimento de la producción de bienes estandarizados a gran escala.

Con una doctrina basada en la acumulación flexible, la empresa ajustada, la implantación de programas de calidad total y técnicas de gestión japonesas, así como la introducción de programas de reparto de beneficios, y bajo un enfoque pragmático que se adaptaba fuertemente a los designios del capital financiero y la ideología neoliberal, fue posible una reestructuración productiva que tuvo como consecuencias el aumento de la flexibilidad, la informalidad y la precariedad de la clase trabajadora.

Fueron estas transformaciones en el mundo de la producción que tuvieron lugar en la segunda mitad del siglo XX las que tuvieron un impacto más destructivo en las relaciones laborales. En el contexto de la reestructuración productiva, a través de la crisis estructural de los años 70, la acumulación flexible pasó a dictar la dirección de la producción y acabó dejando a los trabajadores con una única condición: someterse a condiciones de trabajo precarias, con horarios flexibles, relaciones laborales precarias, como el trabajo subcontratado, el trabajo a tiempo parcial, la externalización y la descaracterización de los derechos laborales.

Evidentemente, estas situaciones provocaron grandes conflictos entre trabajadores y empresas, con la aparición de sindicatos de trabajadores especializados, así como de leyes laborales más audaces para responder a las nuevas necesidades de los trabajadores que ahora se enfrentaban a nuevas perspectivas de producción.

Puede decirse, por tanto, que las primeras leyes laborales surgieron de la necesidad de controlar la forma de producir de los trabajadores, para que su trabajo no les perjudicara. Esto se debía a que, dentro de las fábricas, las revueltas, las huelgas y, como vimos en el capítulo anterior, incluso la destrucción de máquinas no eran obstáculo para los trabajadores enfadados por sus condiciones de trabajo.

La Constitución de Weimar de 1919, por ejemplo, fue una de las primeras del mundo en reconocer los derechos laborales. Promulgada el 11 de agosto de 1919, la Constitución de Weimar establecía derechos sociales, incluidas normas de protección de los trabajadores y el derecho a la educación. Para lograr sus objetivos, la Constitución de

Weimar reguló la participación de los trabajadores en las empresas, la creación de un derecho laboral unitario, la libertad de asociación de los trabajadores para defender y mejorar sus condiciones laborales, el derecho a un sistema de seguridad social, el derecho de los trabajadores a colaborar con los empleados en la fijación de salarios y otras condiciones laborales, y la representación de los trabajadores en la empresa.

En Italia, en 1927, Benito Mussolini promulgó la Carta del Lavoro, que fue la base de los sistemas políticos corporativistas, inspiradores de la España de Francisco Franco, el Portugal de Antonio de Oliveira Salazar y el Brasil de Getúlio Vargas.

En Brasil, la ley que rige todas las relaciones laborales hasta hoy, llamada Consolidación de las Leyes Laborales, fue promulgada en 1943 por el entonces presidente Getúlio Vargas. Bajo el impulso de amplias movilizaciones, el sindicalismo brasileño experimentó un gran auge hasta 1947. Hubo un aumento significativo del número de huelgas. En septiembre de 1946, con la presencia de 2.400 delegados, se celebró el Congreso Sindical de los trabajadores de Brasil. Surge así la Confederación General de los Trabajadores de Brasil. En marzo y abril de 1953 tuvo lugar una gran huelga en São Paulo, desencadenada por las reivindicaciones de los trabajadores del textil y el metal. Pronto alcanzó otras categorías, como vidrieros, tipógrafos y carpinteros. Las actividades se extendieron a Santos y Sorocaba, en el mayor movimiento huelguístico desde 1917. Se conoció como la Huelga de los 300.000 porque supuestamente involucró a más de

300.000 personas.

En los Estados Unidos de América, la situación social no fue diferente: debido al descontento de los trabajadores, la legislación laboral estadounidense moderna procede principalmente de las leyes aprobadas entre 1935 y 1974 y de los cambios en las interpretaciones del Tribunal Supremo de los Estados Unidos.

Sin embargo, las leyes han regulado los derechos de las personas en el trabajo y de los empresarios desde la época colonial. Antes de la Declaración de Independencia de 1776, el derecho consuetudinario era incierto y hostil a los derechos laborales.

A principios del siglo XX, los estados norteamericanos promulgaron derechos laborales para promover el progreso social y económico. Pero a pesar de las leyes laborales promulgadas a principios de siglo y de los abusos patronales documentados por la Comisión de Relaciones Industriales de 1915, el Tribunal Supremo declaró inconstitucionales los derechos laborales, dejando prácticamente sin responsabilidad a los poderes patronales. En aquella época, los tribunales sostenían que los empresarios podían obligar a los trabajadores a no pertenecer a sindicatos, que las mujeres y los niños no necesitaban un salario mínimo, que los estados no podían prohibir a las agencias de empleo cobrar honorarios por el trabajo, que los trabajadores no podían hacer huelga en solidaridad con compañeros de otras empresas e incluso que el gobierno federal no podía prohibir el trabajo infantil.

También se produjeron detenciones de activistas sindicales que se oponían a la lucha en la Primera Guerra Mundial. Los tribunales dictaminaron que los intentos estatales y federales de crear la Seguridad Social eran inconstitucionales.

El crack de Wall Street de 1929, que acabó con los ahorros de millones de personas, fue uno de los principales motivos de la aparición de un ensayo de lo que sería la futura legislación laboral estadounidense. A medida que las empresas perdían inversiones y despedían a millones de trabajadores, los desempleados tenían menos para gastar en las empresas y éstas despedían aún a más gente, sumiendo al país en lo que hoy llamamos "La Gran Depresión".

Esto llevó, tras la elección de Franklin D. Roosevelt como presidente en 1932, a prometer un "New Deal", un compromiso por parte del gobierno estadounidense de crear pleno empleo y un sistema de derechos sociales y económicos consagrados en la legislación federal. En materia laboral, la Ley Nacional de Relaciones Laborales de 1935 garantizó a todos los trabajadores el derecho a sindicarse, a negociar colectivamente salarios justos y a emprender acciones colectivas, incluso en solidaridad con los trabajadores de otras empresas.

La Ley de Normas Laborales Justas de 1938 creó el derecho a un salario mínimo y al pago de horas extraordinarias de hora y media si los empresarios pedían a los trabajadores que trabajaran más de 40 horas semanales.

La Ley de Seguridad Social de 1935 otorgaba a todos el derecho a una pensión básica y a recibir un seguro en caso de desempleo, mientras que la Ley de Valores de 1933 y la Ley de Bolsa de 1934 garantizaban que los compradores de valores en el mercado bursátil dispusieran de buena información.

La Ley Davis-Bacon de 1931 y la Ley Walsh-Healey de Contratos Públicos de 1936 exigían que, en los contratos del gobierno federal, todos los empresarios pagaran a sus trabajadores salarios justos, más allá del mínimo, de acuerdo con las tarifas locales vigentes. Para lograr el pleno empleo y salir de la depresión, la Emergency Relief Appropriation Act de 1935 permitió al gobierno federal gastar enormes sumas de dinero en construcción para crear puestos de trabajo.

Paralelamente, se vislumbraba otro tipo de innovación, que iba más allá de la automatización y las cadenas de montaje: los ordenadores, máquinas creadas inicialmente para desarrollar cálculos aritméticos sencillos, que primero se utilizaron en las industrias militares y luego se introdujeron en la sociedad civil.

Una de las críticas de algunos partidarios de un mayor proteccionismo es que todo el aparato tecnológico, especialmente el uso de robots, provocaría mucho desempleo en el mundo. Sin embargo, no ha sido así, ya que varias oportunidades están surgiendo, pero de forma diferente y exigen una mayor preparación de la población para satisfacer las demandas de este nuevo mercado.

Las cadenas de montaje representan uno de los avances más significativos de la historia de la producción en serie y la fabricación industrial. Desarrolladas por primera vez por Henry Ford para la producción de automóviles en la primera década del siglo XX, las cadenas de montaje revolucionaron la forma de fabricar productos y tuvieron un profundo impacto en la economía mundial.

Por tanto, cabe concluir que la idea básica de las cadenas de montaje es descomponer el proceso de fabricación en una serie de tareas simples y repetitivas realizadas por trabajadores especializados, mientras el producto en construcción se desplaza a lo largo de una cinta transportadora. Cada trabajador es responsable de una fase específica del proceso de montaje, aumentando así la eficacia y la productividad del proceso en su conjunto.

El desarrollo de las cadenas de montaje ha permitido

producir a una escala sin precedentes. Al eliminar el trabajo manual intensivo y simplificar el proceso de fabricación, las cadenas de montaje han permitido fabricar grandes cantidades de productos de forma rápida, constante y a un coste relativamente bajo. Esto hizo que los productos fueran más accesibles a un mayor número de consumidores y contribuyó al crecimiento económico en todo el mundo.

Además, las cadenas de montaje también han tenido un impacto significativo en el mercado laboral y en las condiciones de trabajo. Si bien han creado puestos de trabajo para trabajadores especializados en el funcionamiento de las cadenas de montaje, también han dado lugar a la automatización de muchas tareas que antes realizaban trabajadores manuales. El resultado ha sido una menor demanda de mano de obra no cualificada y, en algunos casos, unas condiciones de trabajo monótonas e inhumanas para los trabajadores de las cadenas de montaje.

Además, las cadenas de montaje también influyeron en la organización del trabajo y la gestión de la producción. Introdujeron principios de estandarización, eficiencia y control de calidad en la fabricación, que se han convertido en fundamentales para la gestión moderna de la producción. El éxito de las cadenas de montaje en el sector del automóvil inspiró su adopción en otras industrias, desde la producción de electrodomésticos hasta la fabricación de productos electrónicos.

En resumen, las cadenas de montaje representan un hito importante en la historia de la producción industrial, que ha transformado la forma de fabricar, distribuir y consumir productos a escala mundial. Sus efectos siguen sintiéndose hoy en día, influyendo en la economía, el mercado laboral y la gestión de la producción en todo el mundo.

Estas innovaciones, como veremos en el capítulo siguiente, han sido responsables de innumerables cambios en la dinámica laboral, la creación de empleo e incluso la forma de hacer negocios.

CAPÍTULO 3 - LA
INFORMATIZACIÓN Y
LA ERA DIGITAL

La aparición de las computadoras marcó el inicio de la Era Digital, también conocida como "era de la información", un periodo histórico que comenzó a mediados del siglo XX con la creación de los primeros prototipos de lo que se convertiría en lo que hoy llamamos ordenadores. La aparición de la era de la información se asocia en gran medida al desarrollo del transistor en 1947 y del amplificador óptico en 1957.

Según Flávio Keidi Miyazawa, profesor del Instituto de Informática de Unicamp: "Un ordenador es un conjunto de componentes que realizan operaciones lógicas y aritméticas sobre un gran volumen de datos".

Utilizado inicialmente para realizar cálculos más sencillos, el ordenador empezó a tomar forma a mediados del siglo XX, evolucionando en gran medida en el contexto de la Segunda

Guerra Mundial, ya que los ejércitos necesitaban una máquina que pudiera realizar diferentes cálculos a una velocidad muy superior a la de un cerebro humano.

Sin embargo, la necesidad de una máquina para realizar operaciones matemáticas se remonta mucho más atrás. Como ejemplo de lo primero, tenemos la Máquina de Pascal, creada por Blaise Pascal (1623-1662), un tipo de calculadora que sólo realizaba sumas y restas y que se utilizaba para ayudar a su padre a calcular los impuestos adeudados en la ciudad de Rouen (Francia).

La Máquina de Pascal fue posteriormente mejorada en gran medida por el matemático, filósofo, diplomático, traductor y escritor alemán Gottfried Leibniz

(1646-1726), que soñaba con que un día todo razonamiento podría ser sustituido por el simple giro de una palanca.

Como veremos, este sueño se hizo realidad -no en vida del escritor alemán-, pero si consideramos la historia de la humanidad, que se remonta 50.000 años atrás, podría decirse que ocurrió en un abrir y cerrar de ojos, ya que en un periodo inferior a 300 años, las máquinas automatizadas ya realizaban cálculos complejos, dirigían fábricas enteras, compraban y vendían acciones e incluso podrían utilizarse para hacer nuestras compras cotidianas.

Todas estas máquinas descritas anteriormente, sin embargo, se diferencian mucho de ser un ordenador de propósito general porque no eran programables. Esto significa que la entrada eran sólo números, pero no instrucciones sobre qué hacer con los números.

El origen de la idea de "programación" e "informática", sin embargo, se remonta a épocas anteriores, a partir de la necesidad, por ejemplo, de que las máquinas de tejer produjeran patrones de diferentes colores, allá por la Revolución Industrial.

En el siglo XVIII se ideó una forma de representar los patrones en tarjetas de papel perforadas, que se procesaban a mano. En 1801, Joseph Marie Jacquard (1752-1834) inventó un telar mecánico con un lector automático de tarjetas.

Su idea cruzó el Canal de la Mancha, donde inspiró a Charles Babbage (1792-1871), profesor de matemáticas de la Universidad de Cambridge, para desarrollar una máquina

"tejedora de números", una máquina calculadora en la que la forma de calcular podía controlarse mediante tarjetas, llamada "Máquina Analítica".

La Máquina Analítica de Babbage se componía de varias partes principales, entre ellas la "Unidad de Diferencia", encargada de realizar las operaciones aritméticas, y la "Unidad de Almacenamiento", formada por tarjetas perforadas y registros de memoria. El diseño también incluía una unidad de control capaz de secuenciar las operaciones y leer las tarjetas perforadas para ejecutar el programa.

Aunque Babbage concibió el diseño de la Máquina Analítica, nunca llegó a completarla en vida debido a una serie de problemas técnicos y financieros. Sin embargo, sus ideas y diseños sirvieron de inspiración a futuras generaciones de informáticos e ingenieros.

A finales del siglo XX se construyó una réplica de la Máquina Analítica basada en los dibujos originales de Babbage. Esta réplica demostró que el concepto de máquina era viable y ayudó a ilustrar el potencial de la visión de Babbage para la computación automática. Su máquina representó un hito importante en la historia de la informática, anticipando muchos de los principios fundamentales que más tarde se desarrollarían en los ordenadores modernos, como la programación, el almacenamiento de datos y la automatización de tareas. Aunque nunca llegó a construirse completamente en vida de Babbage, su influencia y legado son innegablemente significativos.

Volviendo ahora al siglo XX, más concretamente en

el contexto de la Segunda Guerra Mundial, la Marina estadounidense, en colaboración con la Universidad de Harvard, desarrolló el ordenador Harvard Mark 1, diseñado por el profesor Howard Aiken, basado en la calculadora analítica de Babbage. El ordenador Mark 1 era tan grande que ocupaba 120 m² (ciento veinte metros cuadrados), y podía multiplicar dos números de diez cifras en tres segundos, algo bastante impresionante para la época.

Al mismo tiempo, el ejército estadounidense trabajaba en un proyecto similar, dirigido por los ingenieros John Adam Presper Eckert Jr y John Mauchly, que dio como resultado el primer ordenador de válvula, llamado Electronic Numeric Integrator And Calculator, ENIAC, capaz de realizar quinientas multiplicaciones por segundo, y diseñado para calcular trayectorias balísticas, habiendo sido mantenido en secreto por Estados Unidos hasta el final de la guerra, cuando fue anunciado al mundo.

Se invirtieron unos 6 millones de dólares en su desarrollo y su funcionamiento dependía de una serie de factores, como 200.000 vatios de energía. Sin embargo, su capacidad de procesamiento era notablemente superior a los métodos manuales y mecánicos anteriores, lo que permitía analizar los datos con mayor rapidez y precisión.

Programar el ENIAC era una tarea compleja y laboriosa. Los programadores tenían que conectar manualmente los cables y ajustar los interruptores para definir las operaciones a realizar. Cada programa era esencialmente una configuración física diferente del hardware de ENIAC.

A pesar de sus limitaciones y complejidades, ENIAC fue un hito importante en el desarrollo de la informática electrónica. Demostró el potencial de los ordenadores electrónicos para resolver una gran variedad de problemas complejos y sentó las bases para los desarrollos posteriores en este campo.

El éxito de ENIAC inspiró a una nueva generación de investigadores e ingenieros para seguir avanzando en la computación digital, dando lugar finalmente a los modernos ordenadores personales y sistemas informáticos que utilizamos hoy en día.

Un factor de gran importancia es la memoria, algo que no existía en la época de ENIAC. Unos 10 años más tarde, apareció el RAMAX 305, una máquina de almacenamiento en disco fabricada por IBM.

Esto dio lugar al ordenador tal y como lo conocemos hoy, capaz de almacenar información en un dispositivo conocido como "memoria", que realizaba miles de operaciones con números binarios.

Este tipo de arquitectura se sigue utilizando hoy en día en nuestros ordenadores personales, por lo que pasó a conocerse como "arquitectura Von Neumann", en honor a su creador, John Von Neumann. La arquitectura de Von Neumann fue fundamental para el diseño de ordenadores y se convirtió en la base de prácticamente todos los ordenadores modernos.

En la arquitectura de Von Neumann, tanto los datos como las instrucciones se almacenan en una única memoria centralizada, también conocida como memoria de acceso (RAM). Esto significa que se utiliza el mismo bus de datos tanto para las instrucciones como para los datos.

La Unidad de Control se encarga de obtener instrucciones de la memoria, decodificarlas y coordinar las operaciones de los demás componentes de la CPU para ejecutarlas.

Los registros son pequeñas áreas de almacenamiento dentro de la CPU que se utilizan para almacenar datos temporales, direcciones de memoria y otra información importante para ejecutar instrucciones.

Estos elementos -y algunos otros- se combinaron para formar la estructura básica de la arquitectura Von Neumann, que ha influido en gran medida en el diseño de prácticamente todos los ordenadores modernos. Sin embargo, es importante señalar que existen variaciones y mejoras de la arquitectura Von Neumann, como las cachés de memoria, los pipelines y las unidades de procesamiento gráfico (GPU), que son habituales en los ordenadores contemporáneos.

Como consecuencia, el tamaño y el precio de los ordenadores empezaron a disminuir a partir de los años 50. Durante este periodo, comenzó la investigación sobre circuitos integrados, o chips, responsables de la creciente miniaturización de los equipos electrónicos. En 1974, Intel diseñó el microprocesador -un dispositivo que combina todas las funciones del procesador central en el mismo chip-, una tecnología que permitió la creación del ordenador personal, o microordenador. El primer ordenador personal fue el Apple I, inventado en 1976 por los estadounidenses Steve Jobs (1955-2011) y Stephan Wozniak (1950-).

En las décadas transcurridas desde entonces, los ordenadores han evolucionado en cuanto a su capacidad de almacenar información, que es cada vez mayor, dando a todo el mundo un acceso cada vez mayor a la información y mayores posibilidades. Esta información, contenida en ordenadores de todo el mundo y presente en el ciberespacio, permite a los usuarios acceder a nuevos mundos, a nuevas culturas, sin tener que desplazarse físicamente.

Empresas como IBM y, más tarde, Apple y Microsoft fueron las responsables de desarrollar los sistemas operativos de los ordenadores más utilizados hoy en día, aportando, desde principios de los años 60, innovaciones en los ámbitos más diversos, como la construcción, la banca e incluso las agencias de publicidad, que anunciaban sus ordenadores como una forma de atraer a más clientes porque eran más modernos y precisos a la hora de satisfacer las necesidades de sus clientes mediante el procesamiento de datos. Con la popularización de los ordenadores, se produjo un gran cambio en el comportamiento empresarial, con una fuerte reducción de los costes y una descompartimentación del trabajo.

En 1981, IBM lanzó su PC (Personal Computer), que se convirtió en un éxito comercial. El sistema operativo utilizado era MS-DOS, desarrollado por la empresa de software Microsoft. En aquella época, Bill Gates, propietario de Microsoft, convenció a IBM y a otras empresas para que adoptaran el sistema operativo de su empresa. Esto permitía ejecutar el mismo programa en ordenadores de distintos fabricantes. Posteriormente, los PC empezaron a utilizar microprocesadores cada vez más potentes: 286, 386SX, 386DX, 486SX, 486DX. El Pentium de Intel, que apareció en los años

90, continuó su desarrollo y hoy en día el procesador más avanzado utilizado en los PC, el XEON de Intel, demuestra la inmensa velocidad de desarrollo de esta industria.

El único ordenador que hizo frente a los PC fue el Macintosh, lanzado en 1984 por Apple, que revolucionó el mercado al promover el uso de iconos y el ratón. Al año siguiente, Microsoft lanzó la interfaz gráfica Windows, adaptando el uso de los iconos y el ratón a los PC. Windows no alcanzó el éxito hasta los años 90, con la versión 3.0. La nueva versión, lanzada en 1995, contaba con 45,8 millones de usuarios registrados por Microsoft en diciembre de 1996.

La década de los 90 fue testigo de la aparición de ordenadores que, además de procesamiento de datos, incluyen fax, módem, contestador automático, escáner, acceso a Internet y unidad de CD-ROM. Los CD-ROM, acrónimo de compact disc read-only memory, creados a principios de la década, son discos láser que almacenan hasta 650 megabytes, 451 veces más que un disquete (1,44 megabytes).

Además de almacenar grandes cantidades de texto, el CD-ROM puede almacenar fotos, vídeos y animaciones. En 1996 se anunció el lanzamiento del DVD (disco de vídeo digital), que debería sustituir al CD-ROM y a las cintas de vídeo en los próximos años. El DVD es un disco compacto con una capacidad de 4,7 gigabytes (unos 7 CD-ROM). Según los fabricantes, tenía la capacidad de vídeo de una película de 135 minutos en el estándar de compresión MPEG (pantalla completa) y una gran calidad de audio. Tenía el mismo diámetro y grosor que los CD actuales, pero se reproducía en un controlador específico, que también podía conectarse al televisor. Algunos CD-ROM son interactivos, es decir, permiten al usuario controlar a voluntad la navegación por su contenido. Los ordenadores portátiles (laptops y palmtops), distintivos de la miniaturización de la tecnología, también se popularizaron en los años 90.

El desarrollo de las tecnologías de la información ha tenido un gran impacto en el modo de producción de la sociedad. El ordenador se ha convertido en una importante herramienta de trabajo que contribuye a aumentar la productividad, reducir los costes y mejorar la calidad de los productos. Varios sectores de la economía empezaron a informatizarse primero, como la industria, la investigación científica, la educación, el sistema financiero, las comunicaciones y la aeronáutica.

En las fábricas, los robots sustituyeron gradualmente a la mano de obra humana en los trabajos que implicaban riesgos y en actividades mecánicas como la producción y las cadenas de montaje. Esta automatización progresiva ha provocado la supresión de numerosos empleos, como cajeros de banco, telefonistas y mecanógrafos, tendencia conocida como desempleo estructural. Por otra parte, la informática también ha creado nuevas categorías de profesionales cuya principal característica es su dominio de las tecnologías actuales.

Por ejemplo, el ordenador ha permitido la creación de diversas profesiones como programadores, científicos de datos y desarrolladores, destinadas a explotar las posibilidades de un ordenador de la mejor manera posible, permitiendo el desarrollo de páginas web, programas, software y hardware, destinados a realizar una tarea u ofrecer un servicio o producto.

En la investigación científica, los ordenadores han permitido simular experimentos inviables en la realidad por su elevado coste o peligrosidad, como situaciones de temperaturas excesivas o explosiones. En educación, existe una gran variedad de programas informáticos que enseñan dibujo, música o gramática.

Los bancos ofrecen cada vez más servicios informatizados, como cajeros automáticos y consultas en línea desde un ordenador personal conectado a la sucursal.

En el campo de las comunicaciones, la gran innovación ha sido la interconexión de ordenadores de todo el mundo en una gran red, Internet. En astronáutica, los satélites artificiales informatizados cartografían la atmósfera terrestre y otros planetas, entre otras aplicaciones.

A modo de resumen de los principales hechos presentados, podemos trazar una línea temporal:

- Siglo XVII - El francés Blaise Pascal diseña una calculadora que suma y resta y el alemán Gottfried Wilhelm Leibniz incorpora a la máquina operaciones de multiplicación y división.

- Siglo XVIII - El francés Joseph Marie Jacquard construye un telar automatizado: tarjetas perforadas controlan el movimiento de la máquina.

- 1834 - El inglés Charles Babbage diseña una máquina analítica capaz de almacenar información.

- 1847 - El inglés George Boole establece la lógica binaria para almacenar información.

-1890 - El estadounidense Hermann Hollerith construye el primer ordenador mecánico.

-1924 - Nace en Estados Unidos la International Business Machines Corporation (IBM).

-1938 - El alemán Konrad Zuse fabrica el primer ordenador

electrónico utilizando la teoría binaria.

-1943 - El inglés Alan Turing construye la primera generación de ordenadores modernos, que utilizan válvulas.

-1944 - El estadounidense Howard Aiken completa el Mark I, el primer ordenador electromecánico.

-1946 - Se crea en Estados Unidos el Electronic Numerical Integrator and Computer (Eniac), el primer ordenador electrónico.

-1947 - Se crea el transistor para sustituir a la válvula, permitiendo máquinas más rápidas.

-1958 - Creación del chip, circuito integrado que permite miniaturizar los equipos electrónicos.

-1969 - Creación de Arpanet, la red de información del Departamento de Defensa estadounidense que conecta universidades y empresas, y que dará origen a Internet.

-1974 - Intel diseña el microprocesador 8080, que da origen a los microordenadores.

- 1975 - Los estadounidenses Bill Gates y Paul Allen fundan Microsoft.

- 1976 - Lanzamiento del Apple I, el primer microordenador comercial, inventado por Steves Jobs y Steves Woznick.

- 1981 - IBM lanza su microordenador -el PC- con el sistema operativo MS-DOS, desarrollado por Microsoft.

1984 - La National Science Foundation de Estados Unidos crea Internet, una red informática mundial que conecta gobiernos, universidades y empresas.

- 1984 - Apple lanza el Macintosh, el primer ordenador que utiliza iconos y ratón.

- 1985 - Microsoft lanza Windows para PC, que sólo tiene éxito con la versión 3.0 (1990).

- 1993 - Intel lanza el Pentium.

- 1998 - Intel lanza el Pentium II.

- 1999 - Intel lanza el Pentium III.

Así, desde las funciones administrativas de bancos o industrias hasta el tratamiento de datos brutos obtenidos a través de la informática, la Era Digital, también conocida como Tercera Revolución Industrial, marcó la modernización de la industria tal como la conocemos hoy.

Por ejemplo, la llegada del primer ordenador a Brasil se remonta a 1957, cuando fue anunciado en exclusiva por el periódico Estado de São Paulo en un artículo titulado "2.400 multiplicaciones por minuto". El artículo informaba de que el gobierno de São Paulo había comprado un ordenador electrónico que se instalaría en el Departamento de Aguas y Alcantarillado, donde se utilizaría para diversos fines, entre ellos el cálculo del consumo de agua. La máquina habría costado US$100.000 (cien mil dólares), y su operación estaba a cargo de jóvenes ingenieros formados en el recién inaugurado Instituto Tecnológico de Aeronáutica - ITA.

Desde entonces, los ordenadores han pasado a ocupar un lugar central en nuestras vidas, configurando las relaciones laborales en las oficinas y sustituyendo a menudo el trabajo manual.

En un artículo titulado "Ordenadores: conceptos y aplicaciones", escrito por Samsão Woiler, profesor de la Escuela Politécnica de la Universidad de São Paulo, el autor considera que, aunque la Revolución Industrial iniciada en 1860 fue un hito importante en la historia de la humanidad, la era de la informática que estamos viviendo actualmente, iniciada a mediados del siglo pasado con el uso a gran escala de ordenadores electrónicos, será aún más importante en el futuro.

De hecho, miles de estos dispositivos han empezado a utilizarse en los campos más variados, desde la producción de energía nuclear hasta el diseño de misiles y el tratamiento de la información en los bancos, pasando por el control de existencias y el diagnóstico médico.

Además de las aplicaciones en el campo de la ciencia y la tecnología, su uso se extiende a las ciencias biológicas, económicas, políticas y sociales. Según el autor: "Hay quien compara la innovación que ha supuesto el ordenador con la de la máquina de vapor. Sin embargo, las primeras máquinas de vapor eran diez veces más rápidas que los caballos, y los ordenadores son millones de veces más rápidos que las calculadoras mecánicas."

En cuanto al tratamiento de datos, uno de los principales objetivos de la ofimática es reducir costes. Ford Motor Company, por ejemplo, ahorró cientos de miles de dólares en un año al preparar sus nóminas en Detroit. Las compañías de seguros de vida, que manejan grandes ficheros, también han encontrado en el ordenador una herramienta indispensable para contener los crecientes costes de sus oficinas. La Oficina del Censo de Estados Unidos redujo su mano de obra a la mitad y produjo el doble con el uso de ordenadores. Uno de los impactos más importantes del ordenador ha sido, por tanto, el aumento de la productividad: productividad del científico, del ingeniero, del obrero, del oficinista, del profesor o del administrador.

Un aumento de la cantidad de trabajo efectivo realizado por científicos e ingenieros se refleja en un aumento de la productividad de las líneas de producción, debido al diseño de mejores productos o máquinas más eficientes.

Antes de la introducción de los ordenadores en Estados Unidos, la productividad de los oficinistas, y en consecuencia su nivel de vida, estaba por detrás de la de los que trabajaban en la industria. La llegada del ordenador proporcionó herramientas para establecer un equilibrio con el trabajador, que había estado recibiendo ciertos beneficios de la mejora de las máquinas y los métodos de trabajo.

Puede decirse que la introducción y el uso de ordenadores electrónicos para obtener mejor información para el control de la gestión y el uso de técnicas matemáticas avanzadas para la toma de decisiones han aumentado considerablemente la productividad de la gestión.

La llegada de los ordenadores electrónicos ha traído consigo un enorme potencial para proporcionar bienestar material, pero al mismo tiempo nos ha amenazado con el desempleo en diversas áreas del trabajo humano, dado que la mayoría de las veces es más barato para un empresario "emplear" a un ordenador que a un ser humano.

Además, con la evolución y difusión de los ordenadores en todo el mundo, es cierto que el interés de inversores, empresas y personas en general por esta máquina creció cada vez más.

Irónica y obviamente, el mercado financiero y la forma de negociar las acciones en las bolsas de todo el mundo también se vieron afectados por la introducción de los ordenadores. En diciembre de 1982, se lanzó al público la Terminal Bloomberg, un sistema de software informático proporcionado por el proveedor de datos financieros Bloomberg L.P., que permite a los profesionales de la industria de servicios financieros y de otros sectores acceder a los Servicios Profesionales Bloomberg, a través de los cuales los usuarios pueden seguir y analizar los datos de los mercados financieros en tiempo real y realizar operaciones en la plataforma de negociación electrónica. Fue desarrollada por el empresario e inversor Michael Bloomberg tras ser despedido del banco de inversiones Salomon Brothers. Bloomberg, que no recibió ninguna indemnización por su despido de la empresa, pero que poseía más de 10 millones de dólares en acciones de la misma, tras haber diseñado internamente sistemas financieros informatizados para Salomon, creó una empresa de servicios de datos llamada Innovative Market Systems (IMS) basada en su creencia de que Wall Street pagaría un sobreprecio por la información bursátil de alta calidad, entregada instantáneamente a los terminales informáticos en una variedad de formatos utilizables.

Así, su empresa empezó a vender terminales informáticos personalizados que proporcionaban datos de mercado en tiempo real, cálculos financieros y otros análisis para las empresas de Wall Street, que más tarde se llamaron "Terminales Bloomberg". El sistema también proporciona noticias, cotizaciones de precios y mensajes a través de su red. Es muy conocido entre la comunidad financiera por su interfaz negra, que se ha convertido en una característica reconocible del servicio.

Al mismo tiempo, la década de 1980 fue testigo de importantes inversiones en empresas como IBM, Microsoft, Apple e Intel. En 1980, Apple salió a bolsa con una OPV (Oferta Pública Inicial) por 22,00 $ (veintidós dólares). Más tarde, fue el turno de Microsoft de salir a bolsa en 1986, con una OPV por 21,00 $ (veintiún dólares), recaudando ambas decenas de millones de dólares con sus operaciones. Ya consolidada, la informática atraía cada vez más el interés de los inversores, que creían que era el futuro del mercado bursátil.

Durante un cierto periodo de tiempo, que abarcó casi 20 años (entre la OPV de Apple en 1980 y el comienzo de la década de 2000), esto sucedió efectivamente, con la intensa revalorización de las acciones de las empresas de tecnologías de la información y la comunicación basadas en Internet.

En el punto álgido de la especulación, el índice Nasdaq de la Bolsa de Nueva York llegó a superar los 5.000 puntos, para caer en picado poco después, fenómeno que fue bautizado como "Burbuja de Internet", o "Burbuja Dot Com".

La burbuja de Internet abarcó a grandes rasgos el periodo 1995-2000 como consecuencia de los privilegios que las empresas de comunicación vinculadas a Internet tenían con el gobierno estadounidense. El punto culminante fue el 10 de marzo de 2000, cuando el índice Nasdaq alcanzó los 5.132,52 puntos.

A lo largo de cinco años, las bolsas de los países industrializados vieron subir rápidamente los precios de las acciones de las empresas de comercio electrónico y afines.

Aunque la última fase fue una catástrofe, el boom de Internet se utiliza a veces para referirse al constante crecimiento de la

Internet comercial (ejemplificado por la primera versión del navegador Mosaic en 1993) a lo largo de la década de 1990.

El periodo estuvo marcado por la creación -y, en muchos casos, el fracaso- de nuevas empresas basadas en Internet, generalmente denominadas "punto com". Las empresas se dieron cuenta de que el precio de sus acciones se dispararía si simplemente añadían el prefijo "e-" o el sufijo ".com" a su nombre, un fenómeno que el autor Mike Masnick, en un artículo para el sitio web "Tech Dirt" en 2003, denominó el "prefijo de inversión".

En traducción libre, en palabras del propio autor:

"(...) Durante los años de la burbuja, las empresas veían dispararse el precio de sus acciones si simplemente añadían un prefijo "e-" a su nombre y/o un `` .com" al final. Es lo que se llama un "prefijo de inversión". También ha habido más de una historia de empresas que han visto subir el precio de sus acciones después de que una empresa con un nombre similar recibiera buenas noticias. Esto es señal de que hay muchos inversores codiciosos pero poco sofisticados que están inyectando mucho dinero en el mercado."

Así, la combinación de la rápida subida de los precios de las acciones, la confianza del mercado en que las empresas han apostado por los beneficios futuros, la especulación con acciones individuales y la amplia disponibilidad de capital riesgo, crearon un entorno en el que muchos inversores se mostraron dispuestos a ignorar las métricas tradicionales, como el PER, en favor de la confianza en los avances tecnológicos.

Ni siquiera los inversores de renombre se salvaron de la situación: en el libro "The Snowball: Warren Buffet and the Business of Life" -una biografía del inversor que, durante algunos años, fue considerado el hombre más rico del mundo y principal accionista de la sociedad de inversión estadounidense Berkshire Hathaway-, la autora Alice Schroeder califica de calamitosa la situación vivida por los inversores de la época, afirmando que la burbuja de Internet fue uno de los mayores retos personales de la carrera de Buffet.

De hecho, la Burbuja de Internet cogió por sorpresa a la mayoría de los inversores, mientras los capitalistas de alto riesgo veían un aumento récord de los precios de las acciones de las empresas "punto com" y, por tanto, cambiaban de táctica de mercado con más rapidez y menos cautela de lo habitual, optando por reducir el riesgo de romper muchos competidores y dejando que el mercado decidiera qué pasaría después.

Los bajos tipos de interés de 1998-1999 contribuyeron a aumentar las cantidades iniciales de capital. Aunque algunos de estos nuevos empresarios tenían planes realistas y capacidad de gestión, la mayoría no estaba preparada, pero a pesar de ello fueron capaces de vender sus ideas a los inversores debido a la novedad del concepto "punto com".

Algunos modelos de negocio canónicos de las "punto com" han invocado los efectos de red, operando con pérdidas netas para construir una cuota de mercado sostenida. Estas empresas ofrecían sus servicios o productos finales de forma gratuita, con la expectativa de que podrían crear una conciencia de marca muy rentable cobrando más tarde por sus servicios. El lema "hazte grande rápido" refleja esta estrategia.

Durante el periodo de pérdidas, las empresas recurrían al capital riesgo y, sobre todo, a las ofertas públicas iniciales para pagar sus gastos, cuando aún no tenían ninguna fuente de ingresos. El hecho de que este tipo de acciones fueran nuevas, unido a la dificultad de valorar las empresas, llevó a muchas acciones a alcanzar alturas vertiginosas de forma incoherente.

Históricamente, el auge de las puntocom puede considerarse similar a una serie de otros auges tecnológicos del pasado, como el del ferrocarril en 1840, el del sector del automóvil y la radio en los años veinte y el de la electrónica en los cincuenta.

Así, a lo largo de 1999 y principios de 2000, la Reserva Federal estadounidense subió los tipos de interés seis veces, y la economía empezó a perder velocidad. La burbuja de Internet estalló el 10 de marzo de 2000, cuando el índice tecnológico Nasdaq Composite alcanzó los 5.048,62 puntos, duplicando con creces su valor en sólo un año. El índice Nasdaq cayó un poco después, lo que fue atribuido a la corrección de la mayoría de los analistas de mercado, al retroceso real del mercado y, posteriormente, a resultados adversos en Estados Unidos, como el caso Microsoft que estaba viendo el Tribunal Supremo. La decisión, que lo declara monopolio, era ampliamente esperada en las próximas semanas, antes de su lanzamiento el 3 de abril.

Una posible causa del desplome del Nasdaq, y de todas las empresas de Internet que se vinieron abajo, fue la orden de venta masiva de acciones de los "grandes termómetros" de

la más alta tecnología (Cisco, IBM, Dell, etc.), que se procesó simultáneamente a la mañana siguiente del 10 de marzo, fin de semana. La venta masiva hizo que el NASDAQ abriera con una subida de unos cuatro puntos porcentuales el lunes 13 de marzo, pasando de 5,038 a 4,879, el porcentaje "pre-mercado" más alto de todo el año.

La venta masiva inicial de lotes, procesada el lunes 13 de marzo, desencadenó una reacción vendedora, alimentada por la liquidación de inversores, fondos e instituciones. En sólo seis días, el Nasdaq había perdido casi un 9%, pasando de unos

5.050 el 10 de marzo a 4.580 el 15 de marzo. Las acciones de Cisco (empresa de comunicaciones), por ejemplo, que en su día fueron las más valoradas del mundo, vieron recortado su precio en dos tercios.

Otras razones pueden haber sido la aceleración del gasto por parte de las empresas para preparar la transición al cambio de siglo, ya que temían lo que más tarde se conoció como el "fallo del milenio", un problema que se predijo que ocurriría en todos los sistemas informáticos en el cambio de año de 1999 a 2000, ya que todas las fechas se representaban con sólo 2 dígitos, los programas asumían el "19" delante para formar el año completo.

Así, cuando el calendario cambiaba de 1999 a 2000, el ordenador se daba cuenta de que estaba en el año "19" + "00", es decir, 1900. Los programas más modernos, que ya utilizaban los últimos estándares, no tendrían ningún problema para hacer frente a esta situación y pasarían correctamente al año 2000, pero resultó que multitud de grandes

empresas e instituciones seguían utilizando programas antiguos, debido a la confianza que habían adquirido por los años de uso y su estabilidad.

Además, se temían los efectos que el sistema BIOS podría tener en el hardware si sólo reconocía fechas de dos dígitos.

Una vez pasado el Año Nuevo sin incidentes, las empresas se encontraron con todo el equipo que necesitaban durante un tiempo, y el gasto empresarial disminuyó rápidamente. Esta situación fue muy similar a la de los mercados bursátiles estadounidenses cuando alcanzaron su punto máximo. El índice Dow Jones tocó techo el 14 de enero de 2000, con 11.722,98 puntos, y el S&P 500, el 24 de marzo de 2000, con 1.527,46 puntos. Hubo congelaciones de contratación, despidos y consolidaciones seguidas en varias industrias, incluido el sector de Internet.

El estallido de la burbuja también pudo estar relacionado con los malos resultados de los minoristas de Internet tras la temporada navideña de 1999. Esta fue la primera prueba inequívoca y pública de que la creencia en el crecimiento exponencial había resultado falsa para la mayoría de las empresas.

Estos resultados se hicieron públicos en marzo, cuando se publicaron los informes anuales y trimestrales de las empresas públicas. Algunas de las grandes empresas comerciales ignoraron totalmente los preceptos económicos básicos, asumiendo que gracias a Internet -que habría dado lugar a una "Nueva Economía"- cualquier cosa podía venderse en línea.

Un ejemplo clásico de este planteamiento fueron las empresas que intentaron utilizar un modelo de galletas para extender sus marcas por el mapa mundial. Muchas de ellas simplemente ignoraron las reglas básicas de la diligencia debida con respecto al mercado objetivo y las necesidades locales de los clientes potenciales. Si una idea Si la burbuja tuvo éxito en Estados Unidos, se supuso que también lo tendría en otras partes del mundo, lo que resultó no ser el caso.

En 2001, la burbuja se desplomó rápidamente. La mayoría de las punto com quebraron tras agotar su capital riesgo. Muchas ni siquiera obtuvieron beneficios. Algunos ejemplos de empresas que quebraron como consecuencia de la burbuja de Internet son GeoCities, que fue comprada por Yahoo! por 3.570 millones de dólares en enero de 1999 y cerrada por la propia Yahoo! en 2009. misma en 2009; la empresa "Startups.com", una aceleradora de empresas con sede en Silicon Valley, California, cuyo objetivo era gestionar otras startups; Freeinternet.com, en su momento el quinto mayor proveedor de Internet de EE.UU., que se declaró en quiebra en octubre de 2000 tras cancelar su oferta pública inicial; Xcelera. com, una sociedad suiza de inversión en start-ups tecnológicas, que registró la mayor subida bursátil en un año de la historia de Wall Street; Boo.com, que gastó 188 millones de dólares en sólo seis meses tratando de crear una tienda de moda online global y quebró en mayo de 2000.

Al final de la recesión bursátil de 2002, las acciones habían perdido 5.000 millones de dólares de capitalización bursátil desde su máximo, marcando el final de un periodo de mucha especulación en torno a la industria de Internet, que generó despidos masivos de

programadores. Incluso las matriculaciones en las facultades de informática y áreas relacionadas con internet se vieron afectadas, cayendo drásticamente al dejar de ser el mercado favorable a este tipo de profesionales, así como ante la gran oferta de mano de obra con que contaba ahora el mercado, gracias a los despidos masivos. Incluso las sillas de oficina Aeron, que se vendían a 1.100 dólares (mil cien dólares), se vendieron en masa por fracciones de su valor, al cerrar miles de oficinas.

A medida que el crecimiento del sector tecnológico se estabilizó, las empresas restantes se consolidaron. Algunas, como Amazon, eBay y Google, ganaron mayor cuota de mercado y llegaron a dominar sus respectivos campos. Las empresas públicas más valiosas volvieron entonces al sector tecnológico.

En un libro de 2015, el inversor de capital riesgo Fred Wilson, que financió muchas empresas de Internet y perdió el 90% de su patrimonio neto cuando estalló la burbuja, afirmó:

"Un amigo mío tiene una frase genial. Dice: 'Nunca se ha construido nada importante sin una exuberancia irracional'. Lo que significa que se necesita un poco de esta manía para conseguir que los inversores abran sus bolsillos y financien la construcción de ferrocarriles o la industria automovilística y aeroespacial o lo que sea. Y en este caso, gran parte del capital invertido se perdió, pero también gran parte se invirtió en una red troncal de muy alto rendimiento para Internet, y en mucho software que funciona, y en bases de datos y estructuras de servidores. Todo esto ha permitido lo que tenemos hoy, que

ha cambiado todas nuestras vidas, eso es lo que toda esta manía especulativa ha construido."

El hecho es que la burbuja de Internet provocó efectos que aún hoy pueden sentirse en la industria tecnológica. El concepto de la palanca de Leibniz -un inventor cuyo sueño era que un día en el futuro todo razonamiento podría ser sustituido por el simple giro de una palanca-, mencionado al principio de este capítulo, había llegado ahora tan lejos que provocó que la industria se viera perjudicada por las ideas de los propios realizadores del sueño del polímata alemán.

La burbuja de Internet permitió a las empresas restantes, como Google y Amazon, dominar el mercado tecnológico hasta el día de hoy, invirtiendo cada vez más en automatización y en el desarrollo de un nuevo tipo de tecnología disruptiva de la que hablaremos más en los próximos capítulos: la Inteligencia Artificial, la versión finalizada de la Palanca de Leibniz.

CAPÍTULO 4 - INTERNET, GLOBALIZACIÓN Y UNA NUEVA FORMA DE TRABAJAR

Unas redes de comunicación cada vez más rápidas y eficaces, sobre todo gracias a la proliferación de Internet, han hecho posible el acceso instantáneo a cualquier parte del globo y han contribuido al desarrollo del comercio internacional; al crecimiento del número de empresas multinacionales, que pueden controlarse a través de ordenadores desde cualquier punto del planeta; a la circulación de capitales, que ahora puede realizarse incluso mediante teléfonos inteligentes; y a la comunicación de masas, en la que las personas también pueden comunicarse instantáneamente y proporcionar noticias e información en tiempo real.

Gracias a las tecnologías están surgiendo nuevas posibilidades laborales y empresariales, con repercusiones para trabajadores, clientes, proveedores y socios de todas las organizaciones, ya sean públicas o privadas.

La transformación digital amplía las oportunidades de participación en la economía global y cambia la lógica aplicada anteriormente a los negocios, como la de las empresas tradicionales, que, por ejemplo, buscan la ventaja competitiva en una mano de obra abundante y barata, y es probable que pierdan terreno frente a los competidores que invierten en tecnología e innovación.

Internet, junto con el desarrollo de nuevas formas de Inteligencia Artificial, ha tenido un gran impacto en la globalización y la remodelación de las industrias, así como en la creación de nuevas categorías laborales. Incluso con limitaciones al principio, rápidamente se vio que había muchas posibilidades a través de este medio. Sitios de comercio electrónico como Ebay y Amazon han hecho posible, por ejemplo, vender y comprar cualquier cosa desde cualquier parte del mundo.

Internet empezó a crecer a escala mundial a mediados de los años 90. Otro concepto importante para entender el auge de internet y la globalización es el de Industria 4.0, término que hace referencia a la cuarta Revolución Industrial, caracterizada por la digitalización y la automatización cada vez más avanzada de los procesos productivos.

Por otro lado, se entiende por Globalización el conjunto de transformaciones en el orden político y económico mundial que se vienen produciendo en las últimas décadas. El eje central del cambio es la integración de los mercados en una "aldea global", explotada por grandes corporaciones internacionales. Los Estados están abandonando gradualmente las barreras arancelarias para proteger su producción de la competencia de productos extranjeros y abriéndose al comercio y al capital internacionales. Este proceso ha ido acompañado de una intensa revolución de las tecnologías de la información: teléfonos, ordenadores y televisión.

También se ha producido una estandarización de las fuentes de información, debido al alcance mundial y a la creciente popularización de los canales de televisión de pago, Internet y, más tarde, los servicios de streaming. Esto significa que las consecuencias de la globalización van más allá de los límites de la economía y empiezan a provocar una cierta homogeneización cultural entre los países.

La globalización está marcada por la expansión mundial de las grandes empresas internacionales. La cadena de comida rápida McDonalds, por ejemplo, tiene 18.000 restaurantes en 91 países. Estas empresas desempeñan un papel decisivo en la economía mundial. Según una investigación del Centro de Estudios Estratégicos de la Universidad de São Paulo, en 1994 las mayores empresas del mundo (Mitsubishi, Mitsui, Sumitomo, General Motors, Marubeni, Ford,

Exxon, Nissho y Shell) facturaron 1,4 billones de dólares. Esta cifra equivalía a la suma de los PIB de Brasil, México, Argentina, Chile, Colombia, Perú, Uruguay, Venezuela y Nueva Zelanda

Históricamente, el primer navegador de Internet, Mosaic, cambió radicalmente Internet, haciéndola más accesible al usuario medio, ya que permitía acceder a todos los sitios indexados por los motores de búsqueda. El acceso a la información disponible en Internet pasó a estar al alcance de prácticamente todo el mundo, incluso de aquellos con escasos conocimientos informáticos. La información pasó a estar disponible de forma sencilla e intuitiva. La transición entre un ordenador y otro es ahora completamente transparente para el usuario. Internet ya no es cosa exclusiva de usuarios empedernidos y expertos informáticos.

El concepto de Aldea Global encaja en este contexto, ya que se refiere a la creación de una red de conexiones que acortan cada vez más las distancias, facilitando las relaciones culturales y económicas de forma rápida y eficaz.

Con los mercados nacionales saturados, muchas empresas

multinacionales han intentado conquistar nuevos mercados de consumo. La competencia ha llevado a las empresas a utilizar cada vez más recursos tecnológicos para bajar los precios y también para establecer contactos comerciales y financieros de forma rápida y eficaz. Aquí es donde entran en juego Internet, las redes informáticas y las comunicaciones por satélite.

Otro punto importante en este proceso son los cambios significativos en la forma de producir bienes. Ayudadas por la mayor facilidad de comunicación y transporte, las multinacionales instalan sus fábricas en cualquier lugar del mundo donde haya las mejores ventajas fiscales, mano

de obra barata y materias primas. Esta tendencia conduce a una transferencia de puestos de trabajo de los países ricos -que tienen salarios altos y numerosos beneficios- a las naciones industriales emergentes, como los países asiáticos. El resultado de este proceso es que, hoy en día, la mayoría de los productos ya no tienen una nacionalidad definida. Un coche norteamericano puede contener piezas fabricadas en Japón, ser diseñado en Alemania, ensamblado en Brasil y vendido en Canadá.

Hoy en día, esta transformación está siendo impulsada por la tendencia hacia tecnologías emergentes como la Internet de las Cosas (IoT), la Inteligencia Artificial (IA), la robótica avanzada, la impresión 3D y la realidad aumentada (RA) y la realidad virtual (RV).

Según Klaus Schwab, fundador y presidente ejecutivo del Foro Económico Mundial: "La cuarta revolución industrial acabará cambiando no sólo lo que hacemos, sino también lo que somos. Alterará nuestros sistemas de identidad, nuestros valores y lo que significa ser humano".

La Industria 4.0 tiene el potencial de transformar empresas y economías en todo el mundo. Según Jim Heppelmann, CEO de PTC: "La Industria 4.0 cambiará nuestra forma de trabajar, crear valor y competir. Transformará nuestras empresas y economías a una escala que apenas podemos imaginar".

La digitalización de los procesos de producción puede ayudar a las empresas a aumentar la eficiencia, reducir los costes y mejorar la calidad de los productos. Como afirma Willem Jonker, CEO de EIT Digital: *"La Industria 4.0 permite a las empresas producir bienes personalizados y*

a la carta, aumentar la eficiencia de los procesos, reducir costes y generar nuevos modelos de negocio."

En un estudio de Thomas Friedman (2007), éste afirma que la caída del Muro de Berlín, la aparición de Windows y el auge del PC fueron fundamentales para que miles de personas de todo el mundo pudieran crear sus propios contenidos en formatos digitales.

Según el autor, esto impulsó aún más la difusión de Internet. Y con la aparición de transmisores más modernos que conectaban ordenadores de todo el mundo a programas informáticos de todo tipo, fue más fácil crear procesos estandarizados.

En el mismo estudio, el autor afirmaba que los avances tecnológicos acercan cada vez más a las personas, ya sea a través de cadenas de producción distribuidas por varios países o de la conexión que proporciona internet entre las personas. Y este es un camino sin retorno, porque las economías se han vuelto dependientes de otros países, por lo que la perspectiva es que crezca aún más.

Según un estudio de McKinsey de 2016, los países del llamado Sur Global representan más de la mitad del comercio mundial, y el comercio entre países del Sur Global es el tipo de conexión que crece más rápidamente. Esto se debe probablemente a que están rezagados en el acceso a las tecnologías desarrolladas en el Norte Global.

Otro término que surge cuando nos enfrentamos a Internet y a la Globalización es el de Gig Economy.

Procedente de la lengua inglesa, la palabra "Gig" se refiere a cualquier tipo de trabajo o función realizada a cambio de dinero, y anteriormente se utilizaba específicamente para referirse a conciertos de música (en inglés británico) o eventos relacionados con las artes visuales.

La primera vez que el término se utilizó en este sentido fue en 1952, por el escritor Beat Jack Kerouac, en el libro Lonesome Traveler, para referirse a su trabajo a tiempo parcial como guardafrenos en el ferrocarril Southern Pacific en San José, California.

En un artículo de 2016 para el sitio web de radio NPR, Geoff Nunberg escribió sobre los Gig Workers: "Para los hipsters, llamar a un trabajo un gig era una forma de decir que no te definía. Un bolo era un compromiso en el que te sentías libre de marcharte en cuanto tenías 50 dólares en la cartera". Era la época en que el "trabajo de verdad" -permanente, bien pagado y con beneficios- disfrutaba de su lugar al sol en la sociedad estadounidense, gracias a los programas del New Deal, la fuerza sindical y el boom de la posguerra".

Según el artículo: "Esa es la imagen que nos traen a la mente frases como 'economía gig' y 'nación freelance', una economía poblada por profesionales y creativos, generalmente millennials solteros, personas que podrían estar dispuestas a cambiar algo de seguridad por la oportunidad de tomarse uno o dos meses libres y visitar la Patagonia. Pero este lenguaje no llega a la mayoría de personas que andan sueltas en la nueva economía y que no se deleitan con la independencia que les proporciona: los trabajadores temporales y eventuales mal pagados que algunos llaman el "precariado".

Hoy en día, la Gig Economy es una rama de la economía que engloba a trabajadores de distintas actividades, dentro de plataformas digitales, que prestan servicios de reparto de comida, como Door Dash (la mayor empresa de reparto de comida a domicilio que opera en Estados Unidos), trayectos cortos como Uber, servicios domésticos, programación freelance, escritura, desarrollo de páginas web, camareros de bar, entre muchos otros.

Uber, por ejemplo, es una empresa de transporte que tiene sus propias normas, y corresponde a la plataforma seleccionar al conductor, indicar los clientes adecuados y disponibles. Dentro de esta empresa, el conductor tiene que facilitar sus datos y los del coche. Cuando la puntuación del conductor es baja, inferior a 4,6 sobre 10, éste puede ser desconectado de la plataforma y, por tanto, "despedido" por causa justificada. Esto plantea concretamente una pregunta importante: "¿Cómo se gestiona la relación de rendimiento en el trabajo cuando el jefe es sólo un algoritmo?".

El precio del trayecto lo fija la propia empresa, repercutiendo su porcentaje al conductor, lo que demuestra la total falta de autonomía del conductor sobre el servicio prestado, como la concesión de un descuento -típico de una función directiva o de autónomo-. También existe un incentivo por parte de la plataforma para que los conductores realicen el mayor número de viajes posible y permanezcan en la plataforma trabajando el mayor tiempo posible.

Analizando los orígenes de la Gig Economía, podemos situar al mismo nivel que los avances tecnológicos y laborales producidos desde las Revoluciones Industriales. Desde la Primera Revolución Industrial, que tuvo lugar en Inglaterra a partir del siglo XVIII, y que posteriormente pasó por dos fases más, la Segunda y la Tercera Revolución Industrial. Por eso

llamamos a la fase que vivimos hoy la Cuarta Revolución Industrial, o Revolución Industrial

4.0. Para aclarar el tema, académicamente las cuatro revoluciones industriales son:

1. 1765 - De la agricultura a la industria del carbón

2. 1870 - Revolución mecánica, energía fósil y electricidad

3. 1969 - Revolución Electrónica y Energía Nuclear

4. 2000 - Revolución digital, Internet y energías renovables

El emprendimiento informal que caracteriza a la Gig Economy se está convirtiendo cada vez más en una realidad en el mundo laboral. Comprender los contextos en los que surge y se desarrolla este proceso, en toda su heterogeneidad y complejidad, es fundamental.

Como tal, quedan una serie de preguntas abiertas, dejando espacio para la investigación teórica y empírica en campos inexplorados y esbozando posibles sugerencias para estudios ¿Cómo puede explorarse desde una perspectiva integradora la relación entre trabajo y consumo, fundamental para el funcionamiento de las empresas de la Gig Economy y la economía de plataforma? ¿Qué responsabilidad tienen los consumidores en el avance de formatos laborales cada vez más flexibles? ¿Cuál es el papel de las organizaciones colectivas en el contexto de la Gig Economy, notoriamente competitiva y marcada por la individualidad de las relaciones y la aparente fragilidad de los vínculos? ¿Cómo difiere la gestión de la carrera profesional en las diferentes realidades, especialmente en aquellas en las que los trabajadores tienen que lidiar con un trabajo altamente precario y con altas tasas de informalidad?

Ante tantas preguntas sin respuesta, los análisis de las relaciones laborales necesitan ser comprendidos y explorados considerando que el espacio vital y laboral es un entorno "volátil, incierto, complejo y ambiguo", circunscrito en áreas permeadas por poderosas fuerzas "políticas, económicas, militares, sociales, religiosas y tecnológicas" (Briscoe et al., 2018).

Además, el contexto de la pandemia del COVID-19 ha acelerado el proceso de plataformización de la economía, afectando de forma heterogénea no solo a las cadenas de valor sino, sobre todo, a la dinámica del mercado laboral. Ha expuesto y agravado situaciones de informalización, precariedad, flexibilidad y vulnerabilidad para los trabajadores.

El trabajo en plataformas digitales crece exponencialmente y se está convirtiendo en una prioridad para los gobiernos del mundo.Al mismo tiempo, se están creando grandes expectativas en cuanto a su potencial para contribuir a un modelo de desarrollo sostenible en la sociedad. Se trata de una tendencia en los mercados laborales hacia una gestión digital que mediatiza las relaciones laborales, incorporando una variedad de formas de trabajo no estandarizadas, invisibilizadas o informales, y que no garantiza el acceso a los derechos laborales y humanos más básicos.

El contexto de la pandemia del COVID-19 ha acelerado el proceso de plataformización de la economía, afectando de forma heterogénea no sólo a las cadenas de valor sino, sobre todo, a la dinámica del mercado de trabajo. Ha expuesto y agravado las situaciones de informalización, precariedad, flexibilidad y vulnerabilidad de los trabajadores, cada vez más vulnerables y atomizados. El trabajo en plataformas digitales está creciendo exponencialmente y se está convirtiendo en una prioridad para los gobiernos de todo el mundo. Al mismo tiempo, se están

creando grandes expectativas sobre su potencial para contribuir a un modelo de desarrollo sostenible para la sociedad.

Por lo tanto, es necesario avanzar en las discusiones para considerar todas las posibles consecuencias de este formato, que puede representar posibilidades de ganancias extras, mayor libertad, equilibrio entre vida y trabajo, aprovechamiento de oportunidades que van más allá de las fronteras geográficas, o traducirse en precariedad, vulnerabilidades y empeoramiento de las condiciones de trabajo y de vida, alejándose cada vez más de la idea de trabajo decente.

Vale la pena señalar que no es sólo hoy que la fuerza de trabajo humana ha sido alterada por los avances tecnológicos, acompañando no sólo el desarrollo de la sociedad, sino también para satisfacer los intereses del sistema económico.

En el último siglo, la introducción de Internet y la globalización han sido fundamentales para el desarrollo de la sociedad de consumo que hoy conocemos. Los modelos económicos se han visto cada vez más afectados por la tecnología y los cambios en las relaciones laborales. Como ya se ha mencionado, estas cifras han aumentado aún más durante la pandemia.

Se trata de una tendencia en los mercados laborales hacia una gestión digital que mediatiza las relaciones laborales, incorporando diversas formas de trabajo no estandarizado, invisibilizado o informal, y que no garantiza el acceso a los derechos laborales y humanos más básicos.

Según el concepto planteado por el Diccionario de Cambridge, la Gig Economy es "una forma de trabajo basada en personas que

*tienen empleos temporales o realizan actividades laborales por
cuenta propia, remuneradas por separado, en lugar de trabajar
para un empleador fijo".*

Con este breve concepto, ya podemos ver el escenario de
relaciones más fluidas, en las que los trabajadores buscan
trabajo bajo demanda, recibiendo una remuneración por cada
servicio individual, y por lo tanto dejando de tener una
relación laboral. Algunos ejemplos son los conductores de
Uber, las plataformas de contratación de autónomos (Upwork,
Workana, Fiverr) y AirBnB.

En definitiva, este nuevo tipo de economía depende casi en su
totalidad de las plataformas digitales, ya que se caracterizan
por ser un nuevo tipo de empresa, que proporciona
infraestructura (aunque sea digital) para mediar en las
relaciones laborales, mostrando tendencias monopolizadoras
al emplear la subvención cruzada -es decir, la estrategia de
promocionar un producto con los beneficios de otro, como
hace Amazon con Twitch, por ejemplo, y como hace Google
con Youtube- para atraer a diferentes grupos de usuarios, con
una arquitectura central, un hub, que rige la interacción de
posibilidades dentro de la plataforma.

Las ventajas de este nuevo modelo para las empresas son

tan grandes como que elimina las ataduras laborales de las relaciones, no hay costes de estructuras físicas, se dispone de los mejores profesionales porque la elección se hace globalmente y, sobre todo, monopoliza el mercado.

Si en el capítulo anterior de este libro, sobre el auge de Internet que culminó en la Burbuja de los 2000, ya se veía la lógica del Winner takes all como una forma de dominar el mercado y aumentar los beneficios de una determinada empresa, ahora se lleva hasta sus últimas consecuencias, ya que a las plataformas no les interesa dominar sólo un porcentaje del mercado, sino convertirse cada vez más en parte de la vida y de las relaciones laborales de sus usuarios, fidelizandolos para siempre.

Las plataformas se han convertido así en una parte central de nuestras actividades sociales, reuniendo a los usuarios, capturando y monetizando datos, al tiempo que necesitan ser cada vez más grandes para ser eficaces, de ahí la necesidad de monopolización. Se trata, pues, de un circuito cerrado en el que nosotros, los usuarios medios, somos a la vez el comprador y el producto.

En el libro The Gig Economy, A Critical Introduction, los autores James Woodcock y Mark Graham mencionan dos tipos de trabajo realizados dentro de esta lógica: el primero es lo que denominan "trabajo vinculado geográficamente", generalmente utilizado para pedir comida por app, taxi o incluso limpieza. Se trata de un tipo de trabajo que ya existía antes de las plataformas digitales, y que requiere que el trabajador se encuentre en un lugar concreto para completar el trabajo: el repartidor de pizzas necesita transportar una pizza concreta de un restaurante concreto a una casa concreta. La novedad es el proceso laboral, que ahora puede realizarse desde Internet, normalmente a través de una app. En todo el mundo hay ahora repartidores, taxistas, limpiadores y proveedores de servicios que encuentran trabajo de esta manera.

El segundo tipo de trabajo que mencionan los autores es el llamado "trabajo en la nube", que se refiere a los autónomos en línea, o a quienes realizan pequeñas tareas virtuales, denominadas "microempleos". El trabajo autónomo en línea implica trabajos que pueden realizarse a distancia, como el desarrollo de sitios web, la programación, el diseño gráfico y la redacción. El microtrabajo, por su parte, implica tareas mucho más sencillas, como el reconocimiento de imágenes y la transcripción, que tienen lugar en plataformas como Amazon Mechanical Turk.

Estas dos formas de trabajo mencionadas por los autores se organizan digitalmente a través de Internet, con trabajadores que realizan tareas a distancia para empresas u organizaciones solicitantes, o incluso particulares. Los trabajadores viven en todo el mundo y pueden realizar su trabajo desde cualquier lugar.

Según los autores, el trabajo autónomo en línea también puede ser muy individualizado. Muchas formas de trabajo autónomo las realiza un solo trabajador en comunicación con el cliente. En las plataformas más grandes, los autónomos sólo consiguen contratos pujando contra otros posibles trabajadores. Esto tiene una tendencia al aislamiento, enfrentando a los trabajadores entre sí en lugar de crear lazos de solidaridad sobre condiciones compartidas.

Estos factores dificultan especialmente la organización de los trabajadores, ya que no se cruzan por la calle ni es probable que vivan en los mismos barrios (aunque así fuera, la mayoría no tendría forma de saberlo). Sin embargo, esto no significa que los autónomos en línea estén totalmente atomizados. Muchos encuentran y se ofrecen apoyo mutuo a través de foros, grupos de Facebook y otros medios digitales. Como argumentan Wood et al. (2018), *"las comunidades basadas en Internet permiten a los trabajadores apoyarse mutuamente y compartir información. Esto, a su vez, aumenta su seguridad y protección. Sin embargo, estas comunidades están fragmentadas por nacionalidad, ocupación y plataforma."*

De esta forma, los trabajadores también se benefician, ya que los puestos de trabajo están disponibles en cualquier parte del mundo, generando un Ruido continuo de trabajo, además de fomentar la autogestión del tiempo, ya que tienen la libertad de elegir dónde trabajar, trabajando de forma totalmente autónoma.

No es ningún secreto que la Gig Economy (qué genera tanta flexibilidad y fomenta el trabajo a distancia) interesa a las generaciones más jóvenes (igual que interesaba a la Generación Beat de Kerouac, por ejemplo), que están aún más familiarizadas con los avances tecnológicos.

La Industria 4.0 es una realidad que cambiará el sistema industrial, garantizando mucha más integridad de datos y facilidades. En medio de todo esto, las empresas tendrán que adaptarse a esta realidad y los profesionales tendrán que permitirse estar abiertos a nuevos perfiles, buscando siempre nuevos tipos de habilidades y competencias.

Aunque, hasta cierto punto, la tecnología puede "interponerse" en el camino de la sociedad humana, en términos de resignificación del tiempo y precarización de los empleos, con la extinción de muchos puestos de trabajo se crearán multitud de otros.

De ahí la necesidad de que las personas adquieran nuevas competencias, mejoren constantemente su formación y perfeccionen sus funciones para resolver problemas a corto plazo, al tiempo que se mantienen al día de los avances en las competencias tecnológicas, que seguirán dominando los puestos de trabajo en el futuro.

Tenemos que darnos cuenta de que las competencias humanas son importantes, pero que tendrán que seguir el ritmo del desarrollo tecnológico económico y social de esta época de cambios en la sociedad, que busca soluciones rápidas a los problemas y satisfacer sus intereses.

Esta revolución podría crear desigualdades sociales entre países, con el dominio de la información y las tecnologías por parte de algunos, en detrimento de la explotación por parte de otros con menor poder de desarrollo, e incluso la vigilancia indiscriminada de las acciones de los

individuos. También hay que tener en cuenta que la biotecnología puede utilizarse para mejorar las capacidades humanas, recreando la vida o creando otras formas de vida, pero puede descuidar otras áreas sensoriales del hombre, alterando la economía, la política y la filosofía. La cooperación mundial es una forma de afrontar los retos de esta época de profundos cambios sociales y tecnológicos, en la que podemos aprender de los éxitos y aprender de los errores.

Siguiendo con el tema de la globalización, el home office - la capacidad y posibilidad de trabajar a distancia- alcanzó su punto álgido en 2020 con la pandemia de Covid-19. Los profesionales de todos los ámbitos tuvieron que reinventarse y adaptar sus hogares al entorno laboral. Profesionales de todos los ámbitos tuvieron que reinventarse y adaptar sus hogares al entorno laboral. Incluso profesiones que no podían trabajar online ahora sí, como el sector sanitario (nutricionistas, psicólogos, fisioterapeutas, médicos, entre otros).

Y es que desde el siglo pasado, pensadores, filósofos y escritores analizan los impactos de los cambios científicos y tecnológicos en la sociedad, a través de la economía, la mano de obra y el medio ambiente.

En su obra de 1995 titulada "El fin del trabajo", Jeremy Rifkin habla de la automatización, del desplazamiento de la tecnología al frente del trabajo y del futuro de los empleos, con la sustitución de los campos de trabajo humano por el uso de la inteligencia artificial.

Rifkin señala que al principio de la era industrial, el trabajo humano fue sustituido por el uso de máquinas, y al mismo tiempo, con el desarrollo tecnológico y la introducción de sistemas informatizados, el intelecto humano podría ser sustituido por el uso de máquinas artificiales

programadas por informáticos en todo el proceso de producción, lo que podría provocar un desempleo masivo en el mercado laboral.

Las actividades empresariales o académicas se realizan ahora a distancia, mediante portales virtuales. Los servicios bancarios presenciales han sido sustituidos por asistentes virtuales a través de aplicaciones bancarias virtuales. Las cajas de supermercados y farmacias son atendidas por asistentes virtuales. La compra de productos o servicios se realiza a través de aplicaciones de proveedores o prestadores de servicios. Como se ha mencionado anteriormente, mientras que antes el uso de mano de obra humana era indispensable, en esta nueva realidad social se ha vuelto prescindible o sustituible con la introducción de la tecnología y la información.

Los investigadores han afirmado que la Uberización ha traído un nuevo modelo de vida a los trabajadores. Aunque este mercado laboral basado en aplicaciones -o la uberización del trabajo- existe en Brasil desde 2010, también ha cobrado impulso desde la pandemia del Covid-19, extendiéndose rápidamente por todo el país.

Tras la aplicación de transporte estadounidense "Uber" llegaron las aplicaciones de comida, reparto y compras. Hoy hay cerca de 1,27 millones de personas trabajando como conductores y otras 385.000 como repartidores para apps, es decir, 1,5 millones de trabajadores sólo en Brasil, sin ninguna protección laboral.

La mayoría de los conductores trabajan de media entre 22 y 31 horas semanales, mientras que los repartidores acumulan entre 13 y 17 horas semanales -hay variación porque muchos utilizan las apps como complemento a sus ingresos.

Algunos trabajan más porque dependen de ello para sobrevivir y otros no tanto. Para quienes trabajan 40 horas semanales, el estudio estimó unos ingresos de entre 580 y 920 dólares para los conductores y de entre 371 y 580 dólares para los repartidores, cifras que no incluyen los costes operativos como el combustible y los impuestos que debe pagar exclusivamente el trabajador. Este nuevo mercado laboral tiene sus peculiaridades: pocos derechos laborales y jornadas excesivas. Por primera vez en la historia de la humanidad, asistimos a un sistema de empleo tecnológico a escala global, hecho que hace que la regulación legal y fiscal de estas empresas sea extremadamente compleja y difícil de acordar con los gobiernos estatales.

Aunque la tecnología ha ido por delante de nosotros, el valor del trabajo en este contexto parece haberse quedado por el camino. Hoy vivimos el deterioro de las relaciones laborales en estas formas de empleo, donde los trabajadores no tienen relación laboral con las plataformas que los contratan.

El concepto de Uberización del trabajo puede definirse como un nuevo modelo de trabajo que, en teoría, parece más Flexible, en el que el profesional presta servicios en función de la demanda. El profesional establece su propio horario y puede trabajar el tiempo que desee. Como vimos anteriormente, este modelo es el más favorecido por los gigantes tecnológicos.

El argumento es que ofrece más flexibilidad para ambas partes. En este contexto, el profesional sería "su propio jefe" y responsable de la gestión de su tiempo (es decir, define cuántas horas trabajará), afirma Ludmila Abílio, investigadora del Instituto de Estudios Avanzados de la USP y del Centro de Estudios Sindicales y Economía del Trabajo de São Paulo.

En Brasil, el introductor de Uber, por ejemplo, fue el empresario Guilherme Telles. Consiguió convertir la operación en el país en la mayor del mundo, según las cifras de la empresa. Pero hasta hoy enfrenta problemas, protestas, huelgas y manifestaciones por la forma inflexible en que trata a los trabajadores de la *start-up* estadounidense.

En una entrevista al portal de noticias "Brasil de Fato", un taxista dijo: *"Al principio, había muchas peleas en las calles con los taxistas. Después de unos años ya no nos peleamos con esa gente"*, dice Amilton Germano da Silva, de 67 años, taxista de Porto Alegre.

Y continúa: "Hemos aceptado la evolución, hemos vuelto al trabajo constante, seguimos teniendo muchas obligaciones legales, impuestos, pero nuestra matrícula, que antes valía hasta 59.000 dólares, ahora no vale casi nada. Demasiadas exigencias para nosotros y nada para ellos".

Amilton cuenta que muchos compañeros taxistas se han pasado a Uber u otras plataformas en busca de la supervivencia, pero no a todos les ha ido bien: "Hay gente a la que le gusta trabajar sin compromisos, sin horarios, sin exigencias, pero yo soy diferente. Quiero que todo salga perfecto. Y la historia de que los conductores de aplicaciones se iban a hacer ricos era pura chorrada", afirma.

En este contexto, para los autores James Woodcock y Mark Graham, en su libro *The Gig Economy, A Critical Introduction* (2020, p. 11), la *Gig Economy* favorece el desarrollo de un trabajo más Flexible que el existente en otras formas tradicionalmente establecidas, proporcionando una oportunidad para romper el paradigma de la relación laboral estándar basada en un contrato más distante y estable, con condiciones laborales y seguridad social

garantizadas por la legislación y la negociación colectiva. En posiciones contrapuestas sobre este fenómeno, los autores apuntan a (nuevos) escenarios en el mundo del trabajo que, a pesar de la entusiasta presentación inicial, también pueden implicar alternativas precarias derivadas de escenarios poco prometedores, como el aumento del desempleo.

También en este sentido, según un informe de 2021 de la Organización Mundial de la Salud y la Organización Internacional del Trabajo, la expansión de la *Gig Economy* puede considerarse un factor significativo en el aumento de las muertes de trabajadores para los que trabajan más de 55 horas a la semana (en comparación con los que trabajan 35 horas a la semana), pasando de

600.000 muertes en 2000 a 750.000 en 2016.

El informe reveló que, en 2016, el 9% de la población mundial trabajaba más de 55 horas semanales, y esto era más frecuente entre los hombres, así como entre los trabajadores de las regiones del Pacífico Occidental y Asia Sudoriental. El trabajo también sugirió malos resultados de salud mental entre los trabajadores temporales.

De este modo, regular el trabajo en la *Gig Economy* se

convierte en un reto en la búsqueda de la justicia social en las relaciones laborales. La naturaleza jurídica de las relaciones laborales en la *Gig Economy*, la protección laboral de los trabajadores y las disparidades entre empleados tradicionales y trabajadores de plataformas son algunas de las cuestiones que deben ser debatidas y abordadas por juristas y legisladores de todo el mundo.

La *Gig Economy*, como hemos visto, es un modelo de negocio que utiliza trabajadores independientes para realizar proyectos o tareas temporales para diversas empresas y plataformas. La clasificación legal de estos trabajadores es una cuestión abierta en la legislación, ya que a menudo no encajan perfectamente en los modelos laborales tradicionales y son considerados autónomos por las empresas.

La regulación de la *Gig Economy* y del trabajo en plataformas digitales es aún insuficiente. La cuestión es compleja y requiere un debate amplio y cualificado para garantizar la protección social de los trabajadores y unas relaciones laborales justas.

Aunque en muchos países todavía se debate la clasificación legal de los trabajadores temporales, con empresas que los clasifican como "empleados" mientras que los defensores del trabajo organizado han estado presionando para que se clasifiquen como "empleados", lo que obligaría legalmente a las empresas a proporcionar el conjunto completo de beneficios a los empleados, como horas extras, baja por enfermedad remunerada, asistencia sanitaria proporcionada por el empleador, derechos de negociación y seguro de desempleo, entre otros. En 2020, los votantes de California aprobaron una proposición que creaba una tercera clasificación de trabajadores, según la cual los *Gig Workers* que trabajan en aplicaciones de movilidad urbana se clasifican como "trabajadores contratados", pero reciben algunas prestaciones, como salario mínimo, reembolso de kilometraje y otras.

La falta de una definición clara empeora el escenario de las relaciones laborales precarias impulsadas por las plataformas digitales. Esto se debe a que estas empresas operan al margen de

la ley, lo que priva a los trabajadores de las protecciones laborales previstas por la ley, como vacaciones, gratificaciones anuales, cotizaciones para la jubilación, entre otras.

Es más, no tienen garantías mínimas de salud y seguridad en el trabajo, ni protección contra despidos arbitrarios, ya que la gestión humana la realiza un algoritmo. Es importante que la legislación de todo el mundo se adapte a esta nueva realidad del mercado laboral y establezca normas claras y justas para este tipo de empresas, con el fin de proteger a los trabajadores y promover un entorno económico sano.

El proceso de precariedad desestabiliza a medida que los individuos pierden su protección social y laboral, y puede conducir a una competencia desenfrenada, aumentando el ritmo de trabajo y provocando un desgaste que incrementa el riesgo de accidentes y enfermedades. Es, en cierto modo, un proceso de alienación y una pérdida potencial de identidad para los individuos.

La precariedad del trabajo no es estática; depende directamente de la capacidad de organización y resistencia de la clase trabajadora. Si hay una nueva forma de explotar económicamente la tecnología, también debe haber una forma diferente de obtener y exigir derechos para la población afectada por las nuevas formas de trabajo.

Se puede ver que a lo largo del artículo, desde "La Revolución Industrial" descrita en el primer capítulo, pasando por "La Era de la Automatización" hasta "La Era Digital", la relación entre los trabajadores y la tecnología y los avances es una vía de doble sentido. Ganamos mucho en productividad con cada nuevo paso que damos, pero a veces perdemos en términos de

derechos y autonomía de los trabajadores. Por lo tanto, es necesario un sistema de "contrapesos y salvaguardias" para equilibrar estas relaciones.

Se puede concluir, por tanto, que las redes de comunicación son cada vez más rápidas y eficaces, sobre todo por la proliferación de Internet, que permite el acceso instantáneo a cualquier parte del globo, y ha contribuido al desarrollo del comercio internacional, al crecimiento del número de empresas multinacionales, que pueden controlarse por ordenador desde cualquier lugar del planeta; a la circulación de capitales, que ahora puede realizarse incluso mediante teléfonos inteligentes; y a la comunicación de masas, en la que las personas también pueden comunicarse instantáneamente y proporción. Las investigaciones muestran que, sobre todo en los últimos años, la IA ha empezado a crecer, gracias a las inversiones de empresas tecnológicas deseosas de automatizar cada vez más tareas burocráticas e incluso creativas.

Las actividades empresariales y académicas, e incluso los servicios bancarios presenciales, se realizan ahora en la oficina doméstica, utilizando portales virtuales, y han sido sustituidos por asistentes virtuales mediante apps.

De la lectura de este capítulo se deduce que la *Gig Economy* hace referencia a un modelo laboral en el que los individuos trabajan como proveedores de servicios independientes, a menudo a través de plataformas online, en proyectos temporales. Esta forma de trabajo ha cobrado cada vez más protagonismo en las últimas décadas, impulsada por los avances tecnológicos y los cambios en las preferencias de trabajadores y empleadores.

Una de las principales características de la *Gig Economy* es la flexibilidad. Los trabajadores autónomos tienen la posibilidad de elegir cuándo y dónde quieren trabajar, normalmente a través de plataformas digitales que ponen en contacto a proveedores de servicios con clientes que buscan trabajo temporal. Esto puede ofrecer a los trabajadores mayor autonomía y control sobre su vida laboral.

Sin embargo, la *Gig Economy* también está asociada a la precarización del trabajo en muchos aspectos. Los trabajadores autónomos no suelen recibir las mismas prestaciones y protecciones que los trabajadores tradicionales, como seguro médico, vacaciones pagadas y seguro de desempleo. Además, a menudo se les paga por proyecto o tarea realizada, en lugar de recibir un salario fijo, lo que puede dar lugar a unos ingresos irregulares e inseguros.

Otra preocupación es la falta de seguridad laboral en la *Gig Economy*. Los trabajadores autónomos pueden enfrentarse a la incertidumbre en cuanto a la disponibilidad de trabajo y pueden ser sustituidos fácilmente por otros proveedores de servicios, en función de las necesidades del cliente o de la demanda del mercado. Esto puede dar lugar a inestabilidad financiera y estrés emocional para los trabajadores.

Además, la *Gig Economy* también plantea cuestiones sobre los derechos laborales y la regulación laboral, ya que la mayoría de los trabajadores independientes se clasifican como contratistas independientes o autónomos, lo que los excluye de muchas protecciones legales y beneficios laborales. Esto puede crear una brecha en la cobertura de los derechos laborales y dificultar la garantía de unas condiciones de trabajo justas y seguras.

En resumen, si bien la *Gig economy* ofrece oportunidades de trabajo flexible e independiente para muchos trabajadores, también se asocia con la inseguridad laboral y la falta de seguridad en el empleo. Para hacer frente a estos retos, se necesitan políticas y normativas que garanticen protecciones adecuadas para los trabajadores independientes y promuevan condiciones de trabajo justas y equitativas en la economía *freelance*.

Por último, cabe señalar que todo esto sólo es posible gracias a Internet y a la globalización, que han desempeñado un papel clave a la hora de revolucionar la forma en que las personas se conectan, se comunican y hacen negocios a escala mundial, impactando profundamente en la economía, la cultura y la sociedad en general.

Uno de los principales efectos de Internet en la globalización es que facilita que personas de distintas partes del mundo se comuniquen e intercambien información en tiempo real. El correo electrónico, las redes sociales, la mensajería instantánea y las videoconferencias son sólo algunas de las herramientas que permiten a las personas comunicarse y colaborar sin barreras geográficas. Esto posibilita la aparición de redes mundiales de colaboración e intercambio de conocimientos, que impulsan la innovación y el progreso en diversos campos.

Además, Internet ha sido clave para la expansión del comercio internacional. El comercio electrónico permite a las empresas de cualquier parte del mundo vender sus productos y servicios a clientes a escala mundial, sin necesidad de tener presencia física en cada mercado. Esto democratiza el acceso al mercado mundial, permitiendo a las pequeñas empresas competir en igualdad de condiciones con las grandes corporaciones multinacionales.

Internet también desempeña un papel importante en la difusión de la cultura y el entretenimiento a escala mundial. Las plataformas de streaming de música, películas y series de televisión permiten a la gente acceder a una gran variedad de contenidos culturales de distintas partes del mundo. Esto promueve la diversidad cultural y facilita el intercambio de ideas y perspectivas entre diferentes comunidades y sociedades.

Sin embargo, es importante reconocer que la globalización impulsada por internet también plantea retos y preocupaciones. La polarización política, la difusión de desinformación y noticias falsas, la privacidad de los datos y la exclusión digital son solo algunos de los retos que han surgido con la llegada de internet. Por lo tanto, es esencial adoptar enfoques responsables y éticos para abordar estas cuestiones y garantizar que los beneficios de la globalización digital se compartan de forma amplia y equitativa.

El dominio de estas empresas también ha permitido que varias industrias se reconfiguren, creando nuevas categorías de empleos, así como externalizando muchos puestos de trabajo y cambiando las relaciones laborales, en fenómenos que pueden describirse como externalización y economía gig, que también analizaremos en los próximos capítulos.

CAPÍTULO 5 - EL INICIO DE
LA REVOLUCIÓN DE LA IA

La inteligencia artificial, también conocida como "IA", es una área de la informática cuya función es crear sistemas que puedan realizar tareas que harían los hombres (Inteligencia Humana) (Russell y Norvig, 2021).

Aunque es un tema que ha cobrado mucha relevancia en los últimos tiempos, gracias a la invención y disponibilidad de Chats generativos de Inteligencia Artificial, como Chat GPT, Chat Sonic, Bing Chat GPT y, más recientemente, Google Gemini, la existencia de la Inteligencia Artificial se confunde con el origen mismo del ordenador. Ello se debe a que, en el verano de 1956, tuvo lugar la *Darthmouth College Conference*, un evento festival en el *Darthmouth College* de los Estados Unidos de América, que se considera el punto de partida de la Inteligencia Artificial. El proyecto duró aproximadamente ocho semanas y fue esencialmente una sesión de intercambio de ideas entre los principales investigadores informáticos de la época, como John McCarthy, Marvin Minsky, Alan Newell, Herbert Simon y otros.

A principios de la década, había varios nombres para el campo de las "máquinas pensantes", como "cibernética", "teoría de autómatas" y "procesamiento de información compleja". En 1955, John McCarthy, para entonces profesor adjunto de matemáticas en *Darthmouth*, organizó un grupo para debatir y desarrollar ideas sobre dichas máquinas pensantes, y eligió el nombre de "Inteligencia Artificial" para designar el nuevo campo del conocimiento.

Según el propio McCarthy, el objetivo de la conferencia era que los investigadores "se concentraran en el problema de idear una forma de programar una calculadora para que forme

conceptos y generalizaciones". En la propuesta del profesor, éste decía que la conferencia "se basaría en la conjetura de que cada aspecto del aprendizaje o cualquier otra característica de la inteligencia puede, en principio, describirse con tanta precisión que se puede hacer que una máquina lo simule".

De hecho, desde entonces, la Inteligencia Artificial ha conseguido simular diversas formas de inteligencia mediante el aprendizaje automático, a medida que ha ido creciendo el interés por el tema entre los investigadores informáticos.

Actualmente vivimos un momento de nueva euforia sobre los posibles beneficios de la IA, justificada por el hecho de que, en primer lugar, el coste del procesamiento y la memoria nunca ha sido tan barato, y por la aparición de nuevos paradigmas, como las redes neuronales profundas, posibles precisamente gracias a su gigantesca capacidad de almacenamiento, que han producido una serie de avances científicos. Por último, existe una enorme cantidad de datos disponibles en Internet debido a su propia evolución, lo que proporciona a las IA un enorme campo de aprendizaje gracias a las redes sociales, los medios de comunicación social y los motores de búsqueda como Google, Bing y Wikipedia.

También hay que destacar que no existe una definición académica clara de lo que es la Inteligencia Artificial. De hecho, es una rama de la ingeniería informática que pretende desarrollar sistemas informáticos capaces de resolver problemas, utilizando para ello un gran número de técnicas y modelos. La IA, por tanto, pretende desarrollar sistemas para llevar a cabo tareas que en la actualidad realizan mejor los humanos que las máquinas, o que no tienen una solución algorítmica viable mediante la informática tradicional.

Problemas como calcular el diseño de un edificio o la cantidad de energía necesaria para alimentar una ciudad son problemas exactos que muy bien pueden resolver los algoritmos. En cambio, problemas como la elaboración de diagnósticos médicos, la redacción de procedimientos jurídicos, la generación automática de diálogos o el reconocimiento de imágenes no. Y es en este último ejemplo de problemas en el que se centra la IA. Esto se debe a que tales problemas son inicialmente más fáciles de resolver para los seres humanos, ya que no siguen una lógica logarítmica, sino más bien una lógica subjetiva. Conseguir que la IA aprenda a "pensar" de esta forma subjetiva es precisamente el gran objetivo del desarrollo de la Inteligencia Artificial.

Así, la IA se caracteriza por ser un conjunto de modelos, técnicas y tecnologías (búsqueda, razonamiento y representación del conocimiento, mecanismos de decisión, percepción, planificación, procesamiento del lenguaje natural, manejo de incertidumbres, aprendizaje automático) que, solas o en grupo, resuelven problemas de esta naturaleza. Para ello, pueden utilizar distintos paradigmas, siendo los principales el simbólico, el conexionista, el evolutivo y el probabilístico.

Según el paradigma simbólico, primero hay que identificar el conocimiento del dominio (modelo del problema), luego representarlo mediante un lenguaje de representación formal e implementar un mecanismo de inferencia para utilizar este conocimiento.

En el paradigma conexionista, el lenguaje es una red de elementos simples, inspirada en el funcionamiento del cerebro, donde las neuronas artificiales, conectadas en red, son capaces de aprender y generalizar a partir de ejemplos. El razonamiento consiste en aprender directamente la función entrada-salida. Matemáticamente, es una técnica de aproximación de funciones por regresión no lineal.

El paradigma evolutivo, por su parte, utiliza un método probabilístico de búsqueda de soluciones a problemas (optimización), en el que las soluciones se representan como individuos, a los que se aplican técnicas "inspiradas" en la teoría de la evolución, como la herencia, la mutación, la selección natural y la recombinación (o crossing over), para seleccionar los individuos más adaptados para las generaciones siguientes, es decir, los que maximizan una función objetivo (o función fitness).

Por último, el paradigma probabilístico utiliza modelos para representar el concepto estadístico de independencia condicional, basado en relaciones causales en el dominio. La inferencia consiste en calcular la distribución de probabilidad condicional de esta distribución, y en algunos casos particulares de topología, existen algoritmos muy eficientes.

Hoy en día, la IA se puede aplicar en diferentes campos, desde el mercado financiero, la industria del automóvil, la medicina, el derecho, la agricultura, entre otros.

Mientras que la sociedad gana con los avances en bienestar y productividad, pierde con la perspectiva de que se sustituyan y desaparezcan puestos de trabajo en estos mismos ámbitos.

En 2016, en un artículo publicado en el *Jornal da USP*, escrito por Fabio Cozman, Claudio Pinhanez y Jaime Simão Sichman, los investigadores ya señalaban los grandes avances de la IA en las últimas décadas (Sichman et al., 2016): "(...) *el tremendo éxito pragmático de las tecnologías relacionadas con la IA es innegable. Los sistemas de búsqueda de información y de* recomendación de productos forman parte de nuestra experiencia cotidiana. Estos productos aprenden de los datos y toman decisiones basadas en reglas y experiencias pasadas. El sistema financiero también depende en gran medida de programas con capacidad de razonamiento y toma de decisiones, que hoy controlan las principales inversiones en las bolsas de todo el mundo. También utilizamos sistemas de diagnóstico automático, sistemas comerciales de análisis y organización de documentos e incluso vehículos aéreos no tripulados (drones) con fines pacíficos y militares. En resumen, nuestro mundo ya es uno en el que las máquinas muestran comportamientos típicamente asociados a la "inteligencia (...)"

Según Sichman, en un artículo publicado en 2021 titulado "Inteligencia Artificial y Sociedad: Avances y Riesgos": "Desde cualquier perspectiva y métrica, es innegable que la IA ha alcanzado un éxito tremendo. Las mayores empresas de la economía mundial, como las Big Tech, son efectivamente empresas de IA".

Como ya se ha mencionado, existe cierta confusión entre el concepto de Inteligencia Artificial y cualquier actividad en la que intervengan dispositivos digitales. Algunas de las innovaciones que se atribuyen a la Inteligencia Artificial son simplemente el resultado de automatizar tareas cotidianas o de utilizar tecnologías que ya se dominan desde hace tiempo.

Desde principios de siglo se ha producido una explosión de la potencia de cálculo, no solo integrada en los ordenadores personales, sino también en los teléfonos inteligentes, los vehículos y los electrodomésticos (estos últimos se conocen como la Internet de los objetos).

En segundo lugar, se ha producido una explosión en la cantidad de datos recogidos de equipos y personas. Además, el aumento de la recopilación de datos ha ido acompañado de una mayor disponibilidad de los mismos a través de las redes informáticas. La minería de datos se ha popularizado, al igual que las tecnologías de *business intelligence* (inteligencia empresarial) basadas en el análisis de grandes cantidades de datos.

¡Otro ejemplo del desarrollo de la Inteligencia Artificial es el programa Watson, desarrollado por IBM hacia 2010, diseñado para jugar al videojuego *Jeopardy*! Este programa tenía una capacidad considerable para entender el lenguaje natural y razonar a partir de hechos y reglas almacenados en grandes bases de conocimiento. La máquina fue capaz de aprender tanto que, en 2011, ya había vencido a campeones humanos.

Las aplicaciones iniciales de la IA se centran en tareas repetitivas y manuales; por ejemplo, en el ámbito del análisis de datos, sigue automatizando la categorización, clasificación y extracción de información de grandes conjuntos de datos; en el ámbito de la automatización robótica de procesos (ARP), automatiza tareas repetitivas en software e interfaces. El servicio de atención al cliente no es diferente: los chatbots y los asistentes virtuales responden a las preguntas y resuelven los problemas de los clientes.

Así pues, las aplicaciones de la Inteligencia Artificial pueden resumirse de la siguiente manera:

• Sistema experto: es una forma de sistema basado en el conocimiento especialmente diseñado para emular la experiencia humana en un dominio específico. Este sistema se construye sobre una base de conocimientos compuesta por hechos, reglas y heurísticas sobre el dominio, tal y como lo haría un experto humano, y debe ser capaz de ofrecer sugerencias y consejos a los usuarios y también de adquirir nuevos conocimientos y heurísticas a través de esta interacción.

• Robótica: los robots son agentes físicos que realizan tareas manipulando el mundo físico. Para ello están equipados con efectores como patas, ruedas, articulaciones y garras. También están equipados con diversos sensores que les permiten percibir su entorno: cámaras, ultrasonidos, giroscopios y acelerómetros.

• Sistemas visuales: los sistemas visuales incluyen hardware y software que permiten a los ordenadores capturar, almacenar y manipular imágenes visuales. Y son capaces de reconocer rasgos faciales.

• Procesamiento del lenguaje natural: permite al ordenador reconocer órdenes vocales en lenguaje natural. Hay tres niveles de reconocimiento: comandos (reconoce de decenas a cientos de palabras), discreto (reconoce el habla dictada y el habla con pausas entre palabras) y continuó (reconoce el habla natural). Este procesamiento del lenguaje natural puede utilizarse para recuperar información sin necesidad de teclear comandos o buscar palabras clave. Puedes hablar por un micrófono conectado al ordenador y éste convierte el habla en archivos de texto o comandos. Los sistemas más sencillos pueden asociar una palabra tecleada a otra pronunciada por el micrófono; los más avanzados no necesitan grabar las palabras.

Todas estas aplicaciones han repercutido en los modelos de empleo de diversas maneras, como en la sustitución de tareas, donde la automatización de tareas repetitivas ha provocado pérdidas de empleo en sectores como la fabricación, los servicios administrativos y la atención al cliente; en el redimensionamiento de funciones, donde algunas funciones se han redimensionado centrándose en tareas más complejas y estratégicas. Y en la creación de nuevos puestos, en tanto que han surgido nuevas oportunidades en áreas como el desarrollo de IA, el análisis de datos y la ciencia de datos.

Como ya se ha mencionado, en los últimos años se ha producido un crecimiento acelerado de la IA en nuestra vida cotidiana. Pero, ¿por qué ha crecido tanto la IA? Una de las principales razones de este crecimiento, si no la principal, es el rápido desarrollo de nuevas tecnologías para extraer, almacenar, transmitir y procesar datos.

Se desarrolló después de la Segunda Guerra Mundial y actualmente abarca una enorme variedad de subcampos, desde áreas de propósito general como el aprendizaje y la percepción hasta tareas específicas como partidas de ajedrez, demostración de teoremas matemáticos, creación de poesía y diagnóstico de enfermedades. La Inteligencia Artificial sistematiza y automatiza tareas intelectuales y, por tanto, es potencialmente relevante para cualquier esfera de la actividad intelectual humana. En este sentido, es un campo universal.

Uno de los temores asociados es cómo afectará la IA al mercado laboral. Diversos estudios muestran que las actividades profesionales desaparecerán, siendo sustituidas por actividades hasta ahora desconocidas o inimaginables. A menudo se publican listas de las profesiones con más probabilidades de desaparecer en el futuro.

Según Russell y Norvig (2004), se basaron en tres fuentes: "el conocimiento de la fisiología y la función básicas de las neuronas del cerebro, un análisis formal de la lógica proposicional creado por Russell y Whitehead, y la teoría de la computación de Turing". Estos investigadores propusieron un modelo de neuronas artificiales en el que cada neurona se caracteriza como "encendida" o "apagada", de modo que el estado de una neurona se analizaba como, "equivalente en términos concretos a una proposición que definía su estímulo apropiado" (RUSSELL; NORVIG, 2004).

La investigación muestra que, especialmente en los últimos años, la IA ha empezado a crecer, siendo uno de los catalizadores la pandemia de Covid-19.

La IA, por ejemplo, tiene las probables ventajas de reducir la exposición de las personas a situaciones y actividades de riesgo y la necesidad de realizar tareas agotadoras, repetitivas y monótonas, liberando a los seres humanos para actividades más agradables y estimulantes. Un efecto secundario es la reducción del número de horas dedicadas al trabajo, lo que permite disponer de más tiempo con la familia y los amigos y para actividades de ocio.

Por eso la IA ya está intimando con todos nosotros. Lo que tenemos que decidir ahora no es si la utilizaremos o no, sino cómo la utilizaremos. Darnos cuenta de que la IA ha llegado para beneficiarnos a todos y de que los riesgos que tememos pueden evitarse. Esto es inseparable de un uso responsable de la IA, que es una IA justa, transparente y respetuosa con la privacidad de las personas. Como toda nueva tecnología, la razón de su existencia debe ser mejorar la vida de las personas, sin dejar a nadie atrás.

En otro estudio, siempre sobre IA, el autor GOMES (2014) afirma que "la inteligencia artificial es una rama de la informática que se interesa por hacer que los ordenadores piensen o se comporten de forma inteligente. Como es un tema muy amplio, la IA también está relacionada con la psicología, la biología, la lógica matemática, la lingüística, la ingeniería, la filosofía, entre otras áreas científicas, como se muestra en la Figura 1."

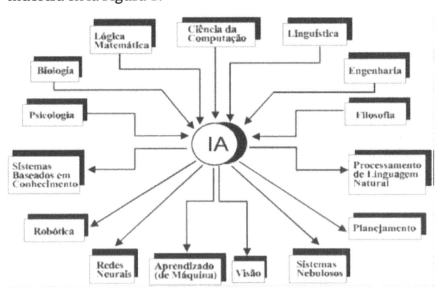

Figura 1- Áreas Relacionadas con la inteligencia Artificial (Fuente: MONARD., BARANAUKAS 2000, p. 2)

En el sector de la comida rápida, por ejemplo, se puede ver que McDonald's ha automatizado el funcionamiento de sus drive-thrus, sustituyendo a los dependientes por tótems de autoservicio, lo que redunda en una mayor agilidad, pero a cambio repercute en las estaciones de servicio que ofrece la empresa.

Los quioscos de autoservicio y los sistemas de pedidos en línea están sustituyendo a los cajeros humanos en varias otras cadenas de comida rápida. Se calcula que la automatización podría eliminar hasta 3 millones de puestos de trabajo en el sector para 2030 y que el 75% de los pedidos de McDonald's en Estados Unidos se realizan a través de tótems o apps, lo que reduce la necesidad de cajeros hasta en un 30%.

La cadena de comida rápida Wendy's, por ejemplo, anunció en 2023 que, en colaboración con Google Cloud, desplegará algoritmos de Inteligencia Artificial para atender a los clientes en sus mostradores de autoservicio, según *The Wall Street Journal*. El experimento comenzó en junio en uno de los locales de la cadena en Ohio (EE.UU.). Inicialmente, habrá un monitor de algoritmos, lo que significa que un humano supervisará el trabajo de las máquinas hasta que estén preparadas para realizar las tareas por sí mismas. *Wendy's* tiene unos 7.100 restaurantes, que requieren 67.000 empleados para funcionar. En su caso, el 80% de los pedidos se realizan a través del *drive-thru*. La cadena calcula que en tres años no habrá más empleados humanos en los puestos de *drive-thru*, según el presidente y consejero delegado interino de la cadena.

Según un informe del *Foro Económico Mundial* titulado *"The Future of Jobs Report 2023"*, quienes trabajan en la venta de entradas serán una de las profesiones más afectadas en los próximos cinco años.

El informe también muestra que más del 75% de las empresas esperan adoptar tecnologías de Inteligencia Artificial en los próximos cinco años como forma de reducir costes y aumentar la eficiencia. Las funciones que más crecen en relación con su tamaño en la actualidad están impulsadas por la tecnología, la digitalización, la IA y el aprendizaje automático. Los especialistas encabezan la lista de empleos de rápido crecimiento, seguidos de los especialistas en Inteligencia y Seguridad de la Información, analistas. Las funciones que disminuyen más rápidamente en relación con su tamaño hoy en día son las administrativas o de secretaría, como cajeros de banco y empleados afines, así como carteros y vendedores de billetes.

Las aerolíneas pueden ver el uso de la Inteligencia Artificial a través de chatbots utilizados para responder a preguntas frecuentes, ayudar en la compra de billetes, así como ocuparse de tareas de atención al cliente como reservas y cambios de vuelos.

Pero la cosa no queda ahí, ya que el uso de la IA en la aviación puede entenderse como un conjunto de avances significativos que buscan mejorar la seguridad, eficiencia y fiabilidad de las operaciones de las aerolíneas, aportando capacidad de automatización y rapidez en la toma de decisiones. Los avances tecnológicos están contribuyendo a la introducción y expansión de la IA en la aviación de diversas formas, como las mejoras en los sensores, la capacidad de procesamiento de datos y los algoritmos de aprendizaje automático más sofisticados. Estas tecnologías permiten a las aeronaves recoger y procesar grandes volúmenes de datos en tiempo real, mejorando la eficiencia operativa, la seguridad y permitiendo la automatización de tareas complejas. Los expertos creen que, a medida que continúen los avances tecnológicos, la IA será cada vez más importante en el sector de la aviación.

En los aeropuertos, las autoridades policiales de todo el mundo ya utilizan Inteligencia Artificial capaz de reconocer los rostros de los delincuentes a partir de las imágenes de las cámaras de seguridad de los aeropuertos, generando una alerta a los funcionarios en cuanto un individuo considerado sospechoso a partir de las métricas del sistema pasa por el sensor de la cámara.

El mantenimiento de aeronaves basado en IA es un área de interés crucial en la industria de la aviación, ya que tiene el potencial de mejorar significativamente la seguridad y fiabilidad de las aeronaves, al tiempo que reduce los costes y minimiza el tiempo de inactividad. Mediante el análisis de grandes cantidades de datos procedentes de sensores y otras fuentes, los algoritmos pueden predecir fallos en los equipos y programar el mantenimiento antes de que se produzca un problema. Esto puede ayudar a las aerolíneas a minimizar el tiempo de inactividad y reducir los costes de mantenimiento. Además, el mantenimiento predictivo basado en IA puede mejorar la seguridad al detectar problemas potenciales antes de que puedan causar daños a los pasajeros o a la tripulación. Esto puede dar lugar a menos cancelaciones y retrasos de vuelos y a una experiencia más positiva para los pasajeros. Sin embargo, se calcula que el uso de la IA en la industria de la aviación podría eliminar hasta un millón de puestos de trabajo en el sector de aquí a 2030.

Se calcula que los chatbots y los asistentes virtuales reducirán los costes de atención al cliente hasta en un 50%. También son varios los ámbitos que se han visto afectados y modificados por la fuerte presencia de la Inteligencia Artificial. El sector bancario, por ejemplo, ha introducido masivamente chatbots y asistentes virtuales para ayudar en las transacciones bancarias,

reduciendo la necesidad de cajeros y gestores. Incluso en el sector sanitario, los sistemas de IA ayudan a diagnosticar enfermedades y analizar imágenes médicas, lo que repercute en la demanda de médicos y radiólogos.

La IA seguirá determinando los modelos de empleo en los próximos años. Es crucial que los trabajadores se adapten a esta nueva realidad desarrollando competencias digitales y especializándose en áreas que requieran creatividad, pensamiento crítico y resolución de problemas.

El impacto de la IA en los modelos de empleo empezó a notarse gradualmente. Las primeras víctimas de la automatización fueron los trabajadores que realizaban tareas manuales repetitivas, como los operarios de fábricas y los mecanógrafos. La industria del automóvil fue una de las primeras en sufrir el impacto de la automatización, con la introducción de robots en las líneas de producción. El sector bancario también ha experimentado una reducción significativa del número de empleados, ya que los cajeros automáticos y los servicios en línea han automatizado muchas tareas.

Estudios recientes indican que la Inteligencia Artificial seguirá teniendo un impacto significativo en los modelos de empleo en los próximos años. Según *McKinsey Global Institute*, se calcula que hasta 800 millones de puestos de trabajo podrían perderse a causa de la automatización de aquí a 2030. *Oxford Economics*, por su parte, predice que la IA podría crear hasta 20 millones de nuevos puestos de trabajo de aquí a 2030.

Un acontecimiento histórico -y reciente- provocado por la introducción masiva de Inteligencias Artificiales fue la huelga de guionistas de Hollywood, que tuvo lugar en 2023. En la huelga participaron la *Writers Guild of America* (WGA), el sindicato de guionistas, y muchos actores y actrices que se unieron al movimiento en busca de unas condiciones salariales justas para los profesionales del sector.

Cada 3 años se negocia un nuevo contrato entre la WGA, la asociación que representa a unas 11.000 personas que escriben guiones de producción en Estados Unidos, y la Alliance of Motion Picture and Television Producers (AMPTP), que representa a estudios y productoras como Warner Bros, Discovery, Apple, Netflix, Amazon, Disney y Paramount, entre otros.

Este acuerdo llegó a su fin en mayo de 2023 y, al no alcanzarse un consenso, los miembros del WGA votaron a favor de autorizar una huelga. Desde entonces, guionistas y profesionales de la industria han planteado agendas de quejas por la falta de subidas salariales por debajo de lo que sería justo por el trabajo demandado.

Y, sobre todo, por el cambio de humanos por plataformas de *streaming* y el uso de Inteligencia Artificial para replicar la imagen de diferentes actores en una misma producción.

Con las normas actuales, hay poca regulación sobre lo que un estudio puede hacer con los escaneos de actores en el futuro. Aunque este punto afecta a todos los intérpretes de Hollywood, es especialmente amenazador para los extras de las producciones, que pueden ceder su imagen en un día de trabajo y ser reproducidos para varias escenas de una película.

Tras 148 días de huelga, el resumen del acuerdo con los guionistas, distribuido entre los más de 11.000 miembros del sindicato, apunta a un aumento de los salarios y de la paga residual, pagos basados en el éxito de los programas en las plataformas de *streaming* y protección contra el uso de la inteligencia artificial.

Sin embargo, es importante destacar que la automatización impulsada por la IA no solo elimina puestos de trabajo, sino que también puede crear nuevas oportunidades de empleo en áreas relacionadas con la tecnología de la información y el desarrollo de sistemas de IA. Por ejemplo, la demanda de científicos de datos, ingenieros de aprendizaje automático y especialistas en IA ha aumentado significativamente a medida que las organizaciones tratan de capitalizar el potencial de la IA.

A pesar de ello, la transición a una economía impulsada por la IA no es necesariamente fácil para todos los trabajadores. Muchos trabajos poco cualificados y muy repetitivos corren el riesgo de ser automatizados, lo que puede provocar desempleo y desigualdad económica. Por lo tanto, pueden ser necesarias políticas de recualificación de la mano de obra y redes de seguridad social para ayudar a los trabajadores a adaptarse a los cambios provocados por la IA.

El desarrollo y uso de la IA plantea a la sociedad cuestiones éticas fundamentales, de vital importancia para nuestro futuro. Ya existe un amplio debate sobre el impacto de la IA en el trabajo, las interacciones sociales (incluida la asistencia sanitaria), la privacidad, la justicia y la seguridad (incluidas las iniciativas de paz y guerra).

El impacto social y ético de la IA abarca muchos ámbitos; por ejemplo, los sistemas de clasificación automática plantean interrogantes sobre la privacidad y los prejuicios, y los vehículos autónomos, sobre la seguridad y la responsabilidad. Los investigadores, los políticos, la industria y la sociedad reconocen la necesidad de adoptar enfoques que garanticen que las tecnologías de IA se utilizan de forma segura, beneficiosa y justa, de considerar las implicaciones de la toma de decisiones por parte de las máquinas desde el punto de vista ético y jurídico y el estatus ético y jurídico de la IA. Estos enfoques incluyen el desarrollo de métodos y herramientas, actividades de consulta y formación, y esfuerzos de gobernanza y regulación.

Así pues, puede concluirse que la Inteligencia Artificial ha avanzado rápidamente en las últimas décadas, pero se enfrenta a una serie de retos importantes que deben abordarse para alcanzar todo su potencial. Uno de los principales retos es la cuestión de la ética y la responsabilidad. A medida que la IA se hace más autónoma y potente, surge la preocupación por su uso ético y responsable.

Cuestiones como el sesgo algorítmico, la privacidad de los datos y la discriminación algorítmica ponen de relieve la necesidad de directrices éticas sólidas que guíen el desarrollo y la aplicación de la IA.

Otro reto importante es la interpretabilidad y transparencia de los sistemas de IA. A medida que los algoritmos se vuelven más complejos y sofisticados, entender cómo toman decisiones y explicar esas decisiones a los usuarios resulta cada vez más difícil. Esto es especialmente crucial en ámbitos como la salud y la justicia, donde las decisiones basadas en la IA pueden tener importantes repercusiones en la vida de las personas.

Además, la IA se enfrenta a retos técnicos, como el desarrollo de sistemas robustos y resistentes que puedan hacer frente a entornos complejos e inciertos. La capacidad de generalizar y adaptarse a nuevas situaciones es esencial para el éxito de la IA en entornos reales. La investigación sobre aprendizaje automático e Inteligencia Artificial busca constantemente formas de superar estos retos técnicos, pero aún queda mucho por hacer.

Por último, existen retos sociales y económicos asociados a la adopción generalizada de la IA. La automatización impulsada por la IA tiene el potencial de transformar drásticamente el mercado laboral, eliminando ciertos puestos de trabajo y creando otros. Esto plantea cuestiones sobre la necesidad de reciclar la mano de obra y las políticas para hacer frente a la desigualdad económica resultante de la automatización.

En resumen, aunque la Inteligencia Artificial promete aportar una serie de beneficios significativos, hay una serie de retos complejos que deben abordarse para garantizar que se desarrolle y utilice de forma ética, transparente y responsable. Estos retos requieren un planteamiento multidisciplinar y de colaboración, en el que participen no sólo informáticos, sino también expertos en ética, derecho y sociología, entre otros ámbitos.

Por último, conviene recordar lo que decía el fundador de la cibernética, Norbert Wiener, en su artículo "Algunas consecuencias morales y técnicas de la automatización", publicado en la revista "Science" en 1960: "Si utilizamos un órgano mecánico para alcanzar nuestros objetivos, y no podemos interferir eficazmente en su funcionamiento (...) más vale que estemos muy seguros de que el propósito que se ha puesto en la máquina es el que realmente queremos."

CAPÍTULO 6 - EMPLEOS QUE DESAPARECEN, EMPLEOS QUE EVOLUCIONAN

Con su evolución, una de las grandes preguntas que se hacen ahora los estudiosos, los medios especializados y la sociedad en general es si la IA llegará a sustituir el trabajo humano. Esto se debe a que tareas que antes sólo podían ser realizadas por seres humanos empiezan a ser realizadas por máquinas programadas precisamente para ello, aumentando la productividad en diversos ámbitos, por lo que interesa a las empresas que las utilizan, como se ha visto en los capítulos anteriores.

Según el Fondo Monetario Internacional (FMI), casi el 40% de los empleos del mundo se verán afectados por el avance de la IA, que sustituirá a unos y complementará a otros. Esto es lo que escribió Kristalina Georgieva, directora gerente del FMI, en el *blog* de la institución el 14 de enero de 2024:

"Estamos al borde de una revolución tecnológica que podría impulsar la productividad, impulsar el crecimiento global y aumentar los ingresos en todo el mundo. Sin embargo, también podría sustituir puestos de trabajo y profundizar la desigualdad. El rápido avance de la inteligencia artificial ha cautivado al mundo, causando excitación y alarma, y planteando importantes cuestiones sobre su posible impacto en la economía mundial. El efecto global es difícil de predecir, ya que la IA repercutirá en las economías de formas complejas. Lo que podemos afirmar con cierta seguridad es que tendremos que elaborar un conjunto de políticas para aprovechar con seguridad el vasto potencial de la IA en beneficio de la humanidad."

La directora cita como fuente un estudio realizado por miembros del propio FMI, llamado *"Gen-AI: Artificial Intelligence and the Future of Work"*, escrito por Mauro Cazzaniga, Florence Jaumotte, Longji Li, Giovanni Melina, Augustus J. Panton, Carlo Pizzinelli, Emma Rockall y Marina M. Tavares, publicado también en enero de 2024.

En el estudio, los autores analizan el potencial de la IA para remodelar la economía mundial, especialmente en lo que respecta a los mercados de trabajo. Así, las economías más avanzadas experimentarán los beneficios y los escollos de la IA antes que los mercados emergentes y las economías en desarrollo, debido en gran medida a su estructura laboral centrada en funciones de alta intensidad cognitiva.

El estudio encontró algunos patrones consistentes en relación con la exposición a la IA, con las mujeres y los graduados universitarios más expuestos, pero también mejor preparados para aprovechar los beneficios de la IA, y los trabajadores de más edad potencialmente menos capaces de adaptarse a la nueva tecnología.

La desigualdad de ingresos podría aumentar si la complementariedad entre la IA y los trabajadores de altos ingresos es fuerte, mientras que los rendimientos del capital aumentan la desigualdad de riqueza.

Sin embargo, según los autores, si las ganancias de productividad son lo suficientemente grandes, los niveles de renta podrían aumentar para la mayoría de los trabajadores. En este escenario en evolución, las economías avanzadas y los mercados emergentes más desarrollados

deben centrarse en actualizar los marcos normativos y apoyar la reasignación de la mano de obra, salvaguardando al mismo tiempo a quienes se vean afectados negativamente.

Está claro que la Inteligencia Artificial (IA) promete aumentar la productividad y el crecimiento, pero su impacto en las economías y las sociedades es incierto, variando según las funciones laborales y los sectores, con el potencial de ampliar las disparidades. Cómo choque positivo de productividad, la IA ampliará las fronteras de producción de las economías y dará lugar a reasignaciones entre trabajo y capital, al tiempo que desencadenará cambios potencialmente profundos en muchos empleos y sectores.

La IA ofrece oportunidades sin precedentes para resolver problemas complejos y mejorar la precisión de las previsiones, mejorar la toma de decisiones, impulsar el crecimiento económico y mejorar la vida de las personas. Sin embargo, precisamente por su amplia y flexible aplicabilidad en diversas ramas de la economía, sus implicaciones para la sociedad y las economías son inciertas.

El hecho es que es probable que la IA haga obsoletos una amplia gama de puestos de trabajo en el futuro, a medida que se vuelve cada vez más experta en la realización de una gran variedad de tareas. También según el estudio del FMI, la IA pone en entredicho la idea de que la tecnología solo afecta a los empleos de cualificación baja y media, ya que su avance puede ahora aumentar o incluso sustituir empleos de muy alta cualificación que antes se creían inmunes a la automatización.

Mientras que las oleadas históricas de automatización que vimos en capítulos anteriores sólo afectaban a tareas rutinarias -como apretar un tornillo o soldar una placa metálica-, las capacidades de la IA se extienden a las funciones cognitivas, lo que le permite procesar enormes cantidades de datos, reconocer patrones y tomar decisiones por sí sola. Un ejemplo histórico de esto fue la invención de las calculadoras: cuando no existían las calculadoras, la profesión de contable se consideraba un trabajo de cualificación media o alta, ya que la mayoría de la población no tenía estudios formales. Con la introducción de las calculadoras, se redujo considerablemente el número de contables.

De este modo, los trabajos que requieren un juicio matizado, la resolución creativa de problemas o la interpretación de datos -tradicionalmente ligados a profesionales altamente cualificados- podrían ahora ser sustituidos por algoritmos avanzados de Inteligencia Artificial, lo que podría aumentar la brecha salarial entre empleos.

Así pues, la Inteligencia Artificial puede sustituir desde simples aprendices -como un aprendiz de banca, responsable de la entrada y salida de datos, redacción de cartas, etc.; o incluso un aprendiz en un bufete de abogados, responsable de redactar documentos jurídicos- hasta jueces, gracias a los avances en el análisis textual, aunque cuesta creer que, en un primer momento, la sociedad delegue en la IA tareas tan intrínsecamente humanas como definir la injusticia o no de una situación. En este caso -y en el de las tareas en las que aún no confiamos plenamente en que la IA las realice por sí sola- es probable que la IA complemente estos trabajos, generando un aumento de la productividad, en lugar de sustituir a los trabajadores humanos.

En este sentido, el estudio realizado por el FMI señala que existen ocupaciones más o menos expuestas a la adopción o complementación por la IA. Según el artículo, los empleos pueden dividirse en tres grupos: a) alta exposición a la IA y alta complementariedad; b) alta exposición a la IA y baja complementariedad; y c) baja exposición. Las ocupaciones de alta exposición y alta complementariedad tienen un potencial significativo para apoyar la IA, ya que ésta puede complementar a los trabajadores en sus tareas y en la toma de decisiones. Sin embargo, el margen para el uso no supervisado de la IA en estas funciones es limitado. Se trata principalmente de trabajos cognitivos con un alto grado de responsabilidad e interacciones interpersonales, como los que desempeñan cirujanos, abogados y jueces. En estos trabajos, los trabajadores pueden aprovechar potencialmente las ventajas de productividad de la IA, siempre que tengan las habilidades necesarias para interactuar con la tecnología. Por otro lado, las ocupaciones de alta exposición y baja complementariedad están bien posicionadas para la integración de la IA, pero existe una mayor probabilidad de que la IA sustituya las tareas humanas. Esto podría provocar un descenso de la demanda de mano de obra y un crecimiento salarial más lento para estos empleos, como los *telemarketers*.

Por último, las ocupaciones de baja exposición tienen un potencial mínimo o nulo de aplicación de la IA. Este grupo abarca un amplio abanico de profesiones, desde cuidadores y artistas escénicos hasta otros.

Según el artículo, alrededor del 40% de los trabajadores de todo el mundo desempeñan actualmente trabajos muy expuestos a la IA. En las economías más desarrolladas, el porcentaje se eleva al 60% de todos los trabajadores. Las economías avanzadas tienen una mayor proporción de profesiones de alta exposición, con baja o alta complementariedad, que las economías de mercado emergentes y los países de renta más baja, como puede verse en el siguiente panel, extraído del citado artículo:

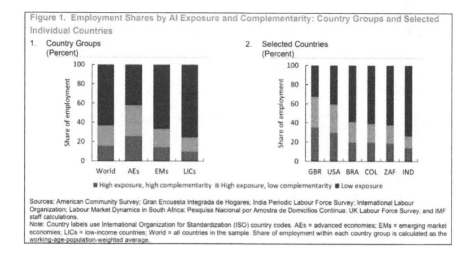

Figure 1. Employment Shares by AI Exposure and Complementarity: Country Groups and Selected Individual Countries

1. Country Groups (Percent)
2. Selected Countries (Percent)

■ High exposure, high complementarity ▨ High exposure, low complementarity ■ Low exposure

Sources: American Community Survey; Gran Encuesta Integrada de Hogares; India Periodic Labour Force Survey; International Labour Organization; Labour Market Dynamics in South Africa; Pesquisa Nacional por Amostra de Domicílios Contínua; UK Labour Force Survey; and IMF staff calculations.
Note: Country labels use International Organization for Standardization (ISO) country codes. AEs = advanced economies; EMs = emerging market economies; LICs = low-income countries; World = all countries in the sample. Share of employment within each country group is calculated as the working-age-population-weighted average.

En las economías medianas, el 27% del empleo corresponde a ocupaciones de alta exposición y alta complementariedad, y el 33% a empleos de alta exposición y baja complementariedad. En comparación, las economías de mercado emergentes tienen porcentajes correspondientes del 16% y el 24% respectivamente, y los países de renta más baja tienen porcentajes del 8% y el 18% respectivamente.

El resultado es el mismo cuando se examinan determinados países utilizando clasificaciones más precisas. Casi el 70% y el 60% del empleo en el Reino Unido y EE.UU., respectivamente, corresponde a ocupaciones de alta exposición, distribuidas aproximadamente a partes iguales entre puestos de alta y baja complementariedad. Por otro lado, los empleos con alta exposición a la IA en las economías emergentes oscilan entre el 41% de Brasil y el 26% de la India.

La composición de la mano de obra en términos de grandes grupos profesionales, que refleja el estado de la estructura económica de los países, explica la mayor parte de las diferencias de exposición y complementariedad entre países. La siguiente figura muestra la proporción de empleos por grupo profesional en tres países -Brasil, Reino Unido e India- con marcadas diferencias en la proporción de profesiones expuestas a la IA:

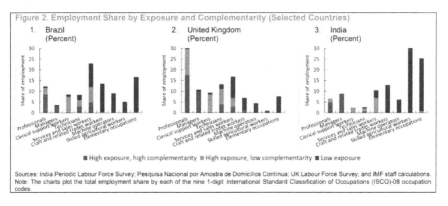

Figure 2. Employment Share by Exposure and Complementarity (Selected Countries)

Sources: India Periodic Labour Force Survey; Pesquisa Nacional por Amostra de Domicílios Contínua; UK Labour Force Survey; and IMF staff calculations. Note: The charts plot the total employment share by each of the nine 1-digit International Standard Classification of Occupations (ISCO)-08 occupation codes.

Como puede verse, el Reino Unido tiene una proporción significativa de empleos en ocupaciones profesionales y directivas, que tienen una alta exposición y una alta complementariedad, y en trabajadores de apoyo administrativo y ocupaciones técnicas, que suelen tener una alta exposición y una baja complementariedad. En la India, la mayoría de los trabajadores son artesanos, peones agrícolas cualificados y trabajadores poco cualificados o "elementales"; la mayoría de ellos pertenecen a la categoría de baja exposición. Brasil representa en gran medida un caso intermedio.

Estos resultados sugieren que las economías avanzadas pueden ser más susceptibles a los cambios en el mercado laboral provocados por la adopción de la IA, materializándose en un

horizonte temporal más corto que las economías de mercado emergentes y los países de renta más baja.

Dados sus altos niveles de empleo en ocupaciones de baja y alta complementariedad, las economías avanzadas pueden experimentar un efecto más polarizado de la transformación estructural provocada por la IA. Por un lado, se enfrentan a un mayor riesgo de desplazamiento de mano de obra y a una evolución perjudicial de los ingresos de los trabajadores en ocupaciones de alta exposición y baja complementariedad.

Además, están mejor situados para aprovechar pronto las oportunidades de crecimiento emergentes de la IA como resultado de su mayor empleo en trabajos de alta exposición y alta complementariedad. Así pues, el impacto neto sobre el empleo dependerá de la capacidad de los países para innovar, adoptar y adaptarse a la IA.

Los mercados avanzados, los mercados emergentes y las

economías en desarrollo están sujetos a una considerable incertidumbre en torno a estas previsiones. Por ejemplo, en los países de renta baja, la adopción de la IA podría reflejar la rápida adopción de la tecnología móvil y reportar grandes beneficios. Además, con la infraestructura digital adecuada, la IA también podría representar una oportunidad para que los mercados emergentes y las economías en desarrollo aborden la escasez de competencias, especialmente en las áreas de salud y educación, aumentando potencialmente la inclusión y la productividad en estas áreas.

La adopción de la IA plantea retos, pero representa una oportunidad para los jóvenes, especialmente los que tienen estudios superiores.

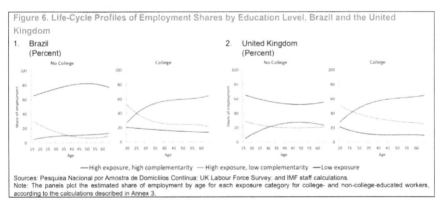

Figure 6. Life-Cycle Profiles of Employment Shares by Education Level, Brazil and the United Kingdom

1. Brazil
(Percent)

2. United Kingdom
(Percent)

—High exposure, high complementarity —High exposure, low complementarity —Low exposure

Sources: Pesquisa Nacional por Amostra de Domicílios Contínua; UK Labour Force Survey; and IMF staff calculations.
Note: The panels plot the estimated share of employment by age for each exposure category for college- and non-college-educated workers, according to the calculations described in Annex 3.

El gráfico anterior muestra que los trabajadores con estudios superiores suelen pasar de empleos de bajo complemento a empleos de alto complemento entre los 20 y los 30 años.

Su progresión profesional se estabiliza en torno a los 30 y 50 años, cuando suelen alcanzar puestos superiores y son menos propensos a realizar cambios de trabajo significativos. Aunque los trabajadores sin titulación universitaria muestran pautas similares, su progresión es menos pronunciada y ocupan menos puestos de alta exposición.

Esto sugiere que los trabajadores jóvenes y cualificados están expuestos tanto a posibles perturbaciones del mercado laboral (pérdida de puestos de trabajo) como a oportunidades en profesiones que podrían verse afectadas por la IA (creación de empleo). Por un lado, si los puestos de baja complementariedad, como los empleos administrativos, sirven de trampolín hacia los puestos de alta complementariedad, una reducción de la demanda de profesiones de baja complementariedad podría dificultar la entrada en el mercado laboral de los trabajadores jóvenes altamente cualificados.

Por otro lado, la IA puede permitir que trabajadores jóvenes con formación universitaria adquieran rápidamente más experiencia al aprovechar su familiaridad con las nuevas tecnologías para aumentar su productividad.

Con la introducción de la IA generativa, el uso de la propia IA se ha vuelto mucho más fácil. Un estudio reciente muestra que el impacto en la productividad de un asistente conversacional basado en IA fue mayor para los trabajadores de atención al cliente menos experimentados y poco cualificados; el efecto en los trabajadores experimentados y altamente cualificados fue mínimo.

Por otra parte, los trabajadores de más edad pueden ser menos adaptables y enfrentarse a barreras adicionales a la movilidad, lo que se refleja en una menor probabilidad de encontrar nuevos empleos. Varios factores pueden explicar esta discrepancia: en primer lugar, las cualificaciones de los trabajadores de más edad, aunque en su día fueron muy demandadas, pueden estar ahora obsoletas como consecuencia de los rápidos avances tecnológicos.

Además, tras un tiempo considerable en un lugar determinado, pueden tener vínculos geográficos y afectivos, por ejemplo con cónyuges e hijos, que les disuaden de trasladarse a nuevas oportunidades laborales. Las obligaciones financieras acumuladas a lo largo de los años también pueden hacerles menos proclives a aceptar puestos con salarios reducidos.

Por último, tras haber invertido muchos años, sino décadas, en un sector o profesión concretos, puede existir una reticencia natural o incluso una barrera perceptiva a la transición a funciones o industrias totalmente nuevas.

Esto puede reflejar una combinación de comodidad con el entorno familiar, preocupación por la curva de aprendizaje en un nuevo ámbito o prejuicios de edad. Según el estudio del FMI, es probable que estas limitaciones también sean relevantes en el contexto de la disrupción inducida por la IA.

Según otro estudio, realizado por el Foro Económico Mundial, en 2030 podrían perderse hasta 85 millones de puestos de trabajo a causa de la IA. Por otro lado, podrían crearse hasta 97 millones de nuevos puestos de trabajo para satisfacer las propias demandas generadas por la IA. La interpretación de datos, el aprendizaje automático, el pensamiento crítico y la resolución de problemas, la creatividad, las habilidades sociales y emocionales, el liderazgo y la gestión de equipos, el conocimiento de la ética y la seguridad de la información, el aprendizaje continuo y la curiosidad intelectual y las habilidades de comunicación digital son puntos que serán importantes para que los trabajadores puedan mantener sus puestos de trabajo con el auge de la IA.

Además, según el banco de inversiones Goldman Sachs, en 2030 podrían perderse unos 300 millones de empleos en finanzas, administración y otras áreas como consecuencia del avance de la IA.

A pesar de la pérdida de puestos de trabajo, el banco también predice que el Producto Interior Bruto mundial podría aumentar hasta un 7%, a pesar de que dos tercios de los empleos en Estados Unidos y Europa podrían estar expuestos a algún grado de automatización promovida por la IA.

Según un estudio publicado el 26 de marzo de 2023 por la consultora estadounidense McKinsey -encargada de asesorar a empresas, gobiernos y otras organizaciones en materia de consultoría estratégica- titulado "*Generative AI and the future of work in America*" (La IA generativa y el futuro del trabajo en América), sólo en Estados Unidos unos 12 millones de trabajadores tendrán que cambiar de empleo para sobrevivir a la ola de disrupciones provocadas por la IA.

El estudio también señala que los trabajadores peor pagados, como los camareros de comida rápida y los teleoperadores, tienen 14 veces más probabilidades de que la IA afecte a sus puestos de trabajo. Los trabajadores de oficina y los vendedores también se encuentran entre las categorías que más sufrirán la pérdida de puestos de trabajo.

Para 2030, los analistas de McKinsey calculan que hasta el 30% de todas las horas trabajadas en EE.UU. podrían estar automatizadas, gracias a la evolución de la IA generativa. Por otra parte, los trabajadores de finanzas, ciencia, tecnología, ingeniería, matemáticas y derecho se verán afectados por la IA en su forma de trabajar -de ahí el concepto de complementariedad introducido en las primeras páginas de este capítulo- sin perder necesariamente su empleo.

Sin embargo, quien piense que estos cambios no se están produciendo ya se equivoca: entre 2019 y 2022, según el mismo estudio, alrededor de 8,6 millones de personas cambiarán de trabajo en Estados Unidos debido a los cambios provocados por la pandemia del covid-19. La naturaleza del trabajo ha cambiado, ya que muchos trabajadores han adoptado modelos remotos o híbridos y los empresarios han acelerado la adopción de tecnologías de automatización.

En la mayoría de las profesiones (que emplean al 75% de la mano de obra), la pandemia ha acelerado tendencias que podrían persistir hasta el final de la década. Es probable que las ocupaciones que se han visto afectadas durante la recesión económica mundial sigan disminuyendo con el tiempo, incluidas las funciones de atención al cliente afectadas por el cambio al comercio electrónico y las funciones de oficina que podrían ser eliminadas por la automatización o por la entrada de menos personas en las oficinas físicas.

Los descensos en los servicios de alimentación, atención al

cliente y ventas, servicios de oficina y trabajos de producción podrían representar casi diez millones (más del 84%) de los 12 millones de cambios ocupacionales previstos para 2030.

Más recientemente, el desarrollo acelerado de la IA generativa, con sus avanzadas capacidades de lenguaje natural, ha ampliado las posibilidades de automatización a un abanico mucho más amplio de profesiones.

Por otra parte, las ocupaciones de las profesiones empresariales y jurídicas, la gestión, la asistencia sanitaria, el transporte y las ciencias como las matemáticas, la ingeniería, la tecnología y las matemáticas, han resistido durante la pandemia y están preparadas para seguir creciendo, ya que se espera que estas categorías registren menos de un millón de cambios ocupacionales de aquí a 2030.

Lo cierto es que el mundo de la automatización ha dado un salto de gigante con la reciente introducción de herramientas de IA generativa. El término "generativa" se refiere al hecho de que estas herramientas pueden identificar patrones en enormes conjuntos de datos y generar nuevos contenidos, una capacidad que a menudo se ha considerado exclusivamente humana. Su avance más notable se produce en las capacidades de lenguaje natural, necesarias para un gran número de actividades laborales.

Aunque el ejemplo más famoso que tenemos hoy de Inteligencia Artificial, Chat GPT, se centra en el texto, otros sistemas de IA pueden generar imágenes, vídeo y audio.

A pesar que la IA generativa se encuentra todavía en una fase incipiente, las aplicaciones potenciales para las empresas son importantes y de gran alcance. La IA generativa puede utilizarse para programar, diseñar productos, crear contenidos y estrategias de marketing, agilizar operaciones, analizar documentos jurídicos, prestar servicios de atención al cliente a través de chatbots e incluso acelerar descubrimientos científicos.

Todo esto significa que la automatización está a punto de afectar a una gama más amplia de actividades laborales que implican conocimientos especializados, como la interacción con las personas y la creatividad. La investigación de McKinsey estimó que, sin la IA generativa, la automatización podría asumir tareas responsables del 21,5% de las horas trabajadas en la economía estadounidense en 2030. Con ella, ese porcentaje se ha disparado hasta el 29,5%.

Para 2030, McKinsey también estimaba un aumento del 23% en la demanda de empleos en ciencia, tecnología, ingeniería y matemáticas. Aunque los despidos masivos en el sector tecnológico fueron noticia en 2023, los expertos sostienen que esto no cambia la demanda a largo plazo de talento tecnológico entre empresas de todos los tamaños y sectores, ya que las economías de todo el mundo siguen digitalizándose.

Los empleadores de los sectores bancario, de seguros, farmacéutico y sanitario, por ejemplo, están llevando a cabo importantes transformaciones digitales y necesitan trabajadores tecnológicos con competencias avanzadas. Además, se espera que la categoría de servicios de transporte registre un crecimiento del empleo del 9% de aquí a 2030.

Como se ha indicado anteriormente, es probable que las mayores pérdidas de empleo en un futuro próximo se produzcan en las áreas de apoyo a oficinas, atención al cliente y servicios de alimentación.

Se calcula que la demanda de empleados podría disminuir en 1,6 millones de puestos de trabajo, así como pérdidas de 830.000 para vendedores al por menor, 710.000 para auxiliares administrativos y 630.000 para cajeros. Estos empleos implican una gran proporción de tareas repetitivas, recopilación de datos y procesamiento elemental de datos, actividades que los sistemas automatizados de Inteligencia Artificial pueden realizar de forma eficiente. El análisis también revela un descenso moderado de los empleos industriales, a pesar de la recuperación del sector industrial general en todo el mundo, que se explica por el hecho de que el sector requiere cada vez menos puestos de trabajo en la producción tradicional, pero más funciones técnicas y digitales cualificadas.

En cuanto a quiénes se verán más afectados por la pérdida de puestos de trabajo en Estados Unidos, por ejemplo, serán las personas que ganan hasta 38.000 $ (treinta y ocho mil dólares) al año las que tienen hasta 14 veces más probabilidades de necesitar cambiar de profesión de aquí a finales de esta década que las que ganan salarios más altos. Cambiar de profesión, en lugar de

encontrar un nuevo empleo dentro de la misma profesión, suele requerir asimilar nuevas competencias y supone un mayor reto.

Siguiendo con el ejemplo de la economía estadounidense, allí los puestos de trabajo con los salarios más bajos están ocupados ahora de forma desproporcionada por las personas con menos estudios formales, las mujeres y los negros.

Las mujeres están muy implicadas en empleos de apoyo administrativo y de atención al cliente, sectores que podrían reducir su empleo en unos 3,7 millones y 2 millones de puestos de trabajo, respectivamente, de aquí a 2030. Del mismo modo, los trabajadores negros y latinos están muy concentrados en ocupaciones en declive como la atención al cliente, los servicios de alimentación y la producción industrial.

Aunque el análisis de McKinsey muestra una disminución de 1,1 millones de puestos de trabajo en la franja de salarios más bajos, la demanda de trabajadores mejor pagados podría aumentar considerablemente, hasta en 3,8 millones.

Ayudar a los trabajadores peor pagados y a las profesiones en retroceso a pasar a empleos mejor pagados y más estables exigirá un acceso generalizado a los programas de formación, una adecuación eficaz de los puestos de trabajo, diferentes prácticas de contratación y formación por parte de los empleadores y una mejor movilidad geográfica.

El mercado laboral mundial tendrá una mayor demanda de competencias sociales y emocionales, además de las digitales. Aunque es probable que disminuya la demanda de competencias cognitivas y manuales básicas, se cree que el trabajo físico no desaparecerá del

todo. Es posible que siga representando algo menos del 31% de los puestos de trabajo, impulsado por el crecimiento de sectores como los servicios de transporte, la construcción y la sanidad.

Por lo tanto, se puede deducir que, a medida que la Inteligencia Artificial y la automatización continúan expandiéndose, la dinámica del mercado laboral está experimentando cambios significativos. La automatización está transformando no solo la forma en que realizamos las tareas cotidianas, sino también redefiniendo los tipos de puestos de trabajo disponibles y las competencias necesarias para cubrirlos.

Una de las tendencias más destacadas es la obsolescencia de ciertos empleos tradicionales debido a la automatización. Profesiones que implican tareas repetitivas y predecibles, como operarios de cadenas de montaje, cajeros de supermercado y conductores de transporte, se enfrentan a una amenaza creciente de ser sustituidos por máquinas y algoritmos. La creciente sofisticación de la tecnología permite a los robots y sistemas automatizados realizar estas tareas de forma más eficiente y económica que los trabajadores humanos.

El hecho es que la automatización está afectando a una amplia gama de sectores, desde la fabricación al servicio al cliente y los servicios financieros, así como a trabajos que ni siquiera existen todavía y que en el futuro podrán realizarse mediante IA. Como consecuencia, algunos empleos tradicionales se están quedando obsoletos, al tiempo que surgen nuevas oportunidades profesionales.

Sin embargo, la automatización no sólo está eliminando puestos de trabajo, sino que también está creando nuevas oportunidades de empleo. Al tiempo que se automatizan los empleos

tradicionales, surgen nuevas funciones que requieren aptitudes humanas únicas, como la creatividad, la supervisión y la toma de decisiones.

Esto se debe a que una de las principales implicaciones de la automatización es el cambio en la naturaleza del trabajo humano. A medida que se automatizan las tareas repetitivas y basadas en reglas, los trabajadores se liberan para centrarse en actividades que requieren creatividad, pensamiento crítico y habilidades interpersonales. Esto significa que cada vez se valoran más los trabajos que implican la toma de decisiones complejas, la resolución de problemas ambiguos y la interacción humana.

Profesiones como los desarrolladores de IA, los ingenieros robóticos y los expertos en ética de la IA también son cada vez más importantes a medida que avanza la tecnología. Además, la demanda de profesionales con competencias digitales, como analistas de datos y expertos en ciberseguridad, está creciendo a medida que las empresas tratan de aprovechar el poder de los datos y proteger sus redes de las ciberamenazas. Existe, por tanto, una creciente necesidad de educación y formación STEM (Ciencia, Tecnología, Ingeniería y Matemáticas) para preparar a los trabajadores para los empleos del futuro.

Sin embargo, aunque hay nuevas oportunidades de empleo, la transición a una economía automatizada no es necesariamente fácil para todos. Muchos trabajadores se enfrentan a importantes retos cuando intentan adaptarse al cambio tecnológico. La reconversión de los trabajadores es esencial para garantizar que puedan seguir siendo relevantes en un mercado laboral en evolución. Esto requiere no sólo acceso a programas de formación de alta calidad, sino también apoyo financiero y emocional para ayudar a los trabajadores en esta transición.

Además, es crucial que las políticas públicas sigan el ritmo de los cambios en el mercado laboral para garantizar una transición justa y equitativa a una economía automatizada. Esto puede incluir medidas como una educación y formación accesibles, políticas de apoyo al empleo y protección social para los trabajadores desplazados por la automatización.

En resumen, la automatización está redefiniendo el panorama de las relaciones laborales de forma profunda y compleja, eliminando algunos puestos de trabajo y creando nuevas oportunidades de innovación. Para garantizar que todos puedan beneficiarse de estos cambios, es necesario un esfuerzo conjunto de gobiernos, empresas y particulares para adaptarse a las realidades de una economía automatizada y garantizar que nadie se quede atrás.

CAPÍTULO 7 -

RECUALIFICACIÓN Y MEJORA

DE LA ERA DE LA IA

La implementación de programas de recualificación y mejora para adaptarse a las cualificaciones para adaptarse a las demandas siempre cambiantes de la mano de obra es crucial en un mundo en el que la tecnología y los cambios remodelan constantemente el panorama profesional. La capacidad de aprender a lo largo de la vida y participar en iniciativas de mejora de las cualificaciones se ha convertido en algo esencial para que los trabajadores mantengan su relevancia y empleabilidad en un mercado laboral en constante evolución.

Una de las principales razones por las que los programas de reciclaje y mejora de las cualificaciones son tan importantes es la rápida obsolescencia de las competencias debido a la automatización y la inteligencia artificial. Por ejemplo, el avance de los vehículos autónomos amenaza a gran escala los empleos de conductor. La lista de profesiones en riesgo de pérdida masiva incluye no solo a conductores, sino también a cajeros de supermercado y teleoperadores, entre otros.

Del mismo modo que nos enfrentamos a la rápida expansión de la IA y la automatización en el siglo XXI, podemos establecer paralelismos con el inicio de la automatización en el siglo XX, especialmente durante la Revolución Industrial.

El impacto en las profesiones tradicionales, por ejemplo, es similar al que se sintió a principios del siglo XX. Esto se debe a que, como se ha visto anteriormente en este libro, en el siglo pasado muchos trabajadores de profesiones tradicionales, como los tejedores y los obreros de las fábricas, se enfrentaron a la pérdida de puestos de trabajo debido a la mecanización. Del mismo modo, ahora con la automatización y la IA, vemos como trabajadores de sectores como la fabricación, el transporte y la atención al cliente se enfrentan a la amenaza de ser sustituidos por máquinas y algoritmos.

Como resultado, ha surgido la necesidad de reciclaje y adaptación. Lo que en la Revolución Industrial significaba aprender a manejar máquinas y comprender nuevos proyectos de producción, hoy implica adquirir competencias digitales, entender los algoritmos de IA y ser capaz de trabajar con tecnologías emergentes, con todos los retos que conlleva la recualificación masiva.

Al principio de la automatización, la reconversión de amplios segmentos de la mano de obra para las nuevas exigencias planteaba importantes retos. Esto incluía problemas como el acceso limitado a la educación y a una formación adecuada, así como la resistencia cultural al cambio. Hoy en día, nos enfrentamos a retos similares, con la necesidad de programas de reciclaje masivo para formar a los trabajadores para puestos de trabajo en sectores emergentes como la tecnología de la información, la ciencia de datos y el desarrollo de IA.

Además, al igual que la automatización en el siglo XX transformó el mercado laboral, la IA y la automatización están reconfigurando la demanda de cualificaciones y profesiones en la actualidad. Esto crea oportunidades en nuevos campos, pero también puede llevar a la obsolescencia de ciertas competencias y profesiones tradicionales, como se ha visto en el último capítulo.

Concluyendo este paralelo, los retos sociales y económicos asociados a la automatización en el siglo XX, como la desigualdad de ingresos y el desempleo estructural, siguen siendo relevantes hoy en día. La gestión de estos problemas requiere políticas públicas eficaces, inversión en educación y formación, y esfuerzos para garantizar una transición justa hacia una economía más automatizada.

Por lo tanto, está claro que, aunque las tecnologías de automatización han evolucionado significativamente desde el siglo XX, muchos de los retos y oportunidades asociados a la introducción de estas tecnologías siguen siendo los mismos. Es crucial aprender de la historia y aplicar políticas y programas que ayuden a los trabajadores a adaptarse a los continuos cambios en la mano de obra impulsados por la automatización y la IA.

Y es que, aunque el cambio aún es gradual y, de momento, se deja sentir más en los países desarrollados, muchas profesiones ya se enfrentan a importantes pérdidas, como los conductores de transporte, por ejemplo. Según un artículo de 2016 -es decir, de hace ocho años- publicado en la web de noticias estadounidense *Vox*, solo en Estados Unidos 1,8 millones de camioneros podrían perder su empleo debido a la implantación de los vehículos autónomos, es decir, vehículos que no tienen conductor o que éste no controla el 100% del tiempo que están en la carretera. Parafraseando al propio artículo, *"uno de los últimos empleos bien pagados de la clase trabajadora está prácticamente condenado"*.

Y es que en Estados Unidos, según datos de la Oficina de Estadísticas Laborales - BLS - en 2016 había alrededor de

1,8 millones de conductores de camiones, cada uno ganando alrededor de $40,000.00 (cuarenta mil dólares americanos) al año, en un trabajo que no requiere formación académica y, mientras tanto, ya hay empresas con camiones 100% automatizados que no necesitan conductores para realizar ninguna de las tareas necesarias para una entrega.

Para que se haga una idea del panorama, un mapa de las profesiones más comunes en cada estado norteamericano mostraba que la conducción de camiones era la profesión más común en todo Estados Unidos, por no hablar de todo el ecosistema que la rodea, como los trabajadores de las fábricas de camiones, mecánicos, directivos, expedidores, vendedores, etc., así como los que forman parte indirectamente de esta cadena, como los dependientes de gasolineras, hoteles, restaurantes y merenderos.

Además, según un artículo publicado recientemente en *The Washington Post*, titulado *"Ready or not, self-driving semi-trucks are coming to America's highways"*, por defecto, los camiones sin conductor pueden circular libremente por todo EE.UU., a menos que un estado se lo prohíba explícitamente. Esto significa que las empresas pueden probar y hacer funcionar sus vehículos autónomos en amplias zonas del país. Doce estados, por ejemplo, ya permiten específicamente a las empresas de transporte circular sin conductor, mientras que otros 16 no tienen ninguna normativa al respecto. Los otros 10, en cambio, imponen ciertos límites al uso de vehículos autónomos.

Según el mismo artículo, la empresa estadounidense Aurora Innovation ya dispone de una nueva clase de grandes camiones autónomos que, a finales de 2024, deberían empezar a funcionar de forma completamente autónoma, sin ni siquiera un trabajador humano que evite posibles accidentes en caso de avería eléctrica, por ejemplo.

Al leer este último fragmento, al lector le puede venir a la memoria un episodio de la serie de televisión *"Los Simpson"*, emitido en 1999 -mucho antes de la popularización de los vehículos 100% autónomos-, en el que el protagonista de la serie, Homer, acepta un trabajo como camionero y descubre encantado que el vehículo que conduce tiene un sistema de dirección automatizado, capaz incluso de esquivar obstáculos y evitar accidentes. Irónicamente, los otros conductores que aparecen en el episodio advierten al protagonista de que no cuente a otras personas la existencia del dispositivo, ya que este descubrimiento podría hacer que todos los camioneros perdieran su trabajo.

Lo que antes parecía una anécdota digna de una serie de

televisión se está convirtiendo en realidad cada día que pasa, ya que este tipo de dispositivos existen ahora de verdad y ponen verdaderamente en peligro los puestos de trabajo de toda una categoría profesional. En la actualidad, los camiones de larga distancia de *Aurora Innovations* transportan paquetes y productos alimenticios, realizando alrededor de 100 entregas a la semana y, para finales de 2024, planean tener 20 vehículos totalmente autónomos en funcionamiento entre las ciudades de Dallas y Houston (Texas). En el futuro, prevén ampliar sus operaciones a todo Estados Unidos.

Entrevistado por el Washington Post, Richard Gaskill, un camionero del estado de Texas que lleva trabajando en el sector desde 1998, declaró al periódico que de vez en cuando ve vehículos autónomos probándose en las carreteras mientras él está trabajando. "Es demasiado reciente para que me fíe. No me gusta la idea de que estas cosas estén ahí fuera quitándonos el trabajo", dijo el conductor.

Aunque el temor del conductor antes mencionado es real y tiene sólidos fundamentos en la realidad, un estudio del Departamento de Transporte de EE.UU. señaló que la tecnología también creará nuevas oportunidades de trabajo para técnicos de mantenimiento, despachadores y asistentes de gasolineras, al tiempo que ayudará a aliviar la monotonía que a veces acompaña a la vida como conductor de camiones de larga distancia.

Por su parte, las empresas de camiones autónomos afirman que su tecnología puede ayudar a transportar mercancías con mayor rapidez, ya que los camiones robotizados pueden conducir durante muchas más horas que los conductores humanos.

Así, una automatización completa del sector del transporte por camión en Estados Unidos, por ejemplo, conlleva una pérdida masiva de puestos de trabajo para los camioneros, dejando muy probablemente a la mayoría de estos profesionales sin alternativas laborales válidas y viables.

La recualificación de estos y otros millones de trabajadores es, por tanto, extremadamente necesaria para mitigar el impacto de estos cambios en un futuro próximo. Gobiernos, empresas e instituciones educativas están reconociendo esta necesidad y poniendo en marcha programas para ayudar a los trabajadores a adquirir nuevas competencias y adaptarse a las nuevas realidades del mercado laboral.

Un ejemplo de programa en curso es *"Upskill America"* en Estados Unidos, una iniciativa lanzada en 2015 para promover el desarrollo de competencias y el reciclaje de los trabajadores. El programa ofrece formación en nuevas tecnologías, habilidades digitales y otras competencias necesarias para los empleos del futuro.

Además, muchas empresas están invirtiendo en programas de desarrollo de competencias para sus propios empleados. Por ejemplo, empresas tecnológicas como Google, Microsoft e IBM ofrecen programas de formación interna para ayudar a sus empleados a adquirir competencias en ámbitos como la inteligencia artificial, la ciencia de datos y el desarrollo de software.

Los programas de reciclaje para trabajar con Inteligencia Artificial (IA) son cada vez más importantes, ya que la IA sigue transformando diversos sectores y profesiones. El objetivo de estos programas es dotar a los trabajadores de las competencias necesarias para comprender, desarrollar y trabajar con tecnologías de IA.

He aquí algunas áreas clave que abordan estos programas de reciclaje:

• Comprensión de la IA y sus aplicaciones: Los programas suelen empezar por proporcionar una comprensión fundamental de lo que es la IA, cómo funciona y sus aplicaciones en diferentes sectores. Esto incluye el aprendizaje de algoritmos de aprendizaje automático, redes neuronales, procesamiento del lenguaje natural y visión por ordenador.

• Desarrollo de competencias técnicas: Los trabajadores reciben formación en las habilidades técnicas necesarias para trabajar con IA, como programación en lenguajes como Python y R, manipulación de datos, estadística y aprendizaje automático y

técnicas de aprendizaje profundo. Esto puede implicar cursos intensivos de programación y análisis de datos.

• Aplicaciones específicas de la IA en sectores y profesiones: Dependiendo del sector en el que trabajen los trabajadores, los programas pueden centrarse en aplicaciones específicas de la IA en ese sector. Por ejemplo, en sanidad, los trabajadores pueden aprender sobre diagnóstico médico asistido por IA, en finanzas, pueden aprender sobre análisis predictivo para la toma de decisiones financieras, etc.

• Ética y responsabilidad en la IA: A medida que la IA se generaliza, también es importante incluir formación sobre ética y responsabilidad en la creación y el uso de sistemas de IA. Esto puede incluir cuestiones como el sesgo algorítmico, la privacidad de los datos y la transparencia en los algoritmos.

• Recualificación para carreras relacionadas con la IA: Para quienes deseen cambiar completamente a carreras relacionadas con la IA, los programas pueden ofrecer una amplia recapacitación, incluidas oportunidades de prácticas o aprendizaje práctico en empresas que desarrollan soluciones de IA.

Como ya se ha mencionado, hay varias iniciativas y programas en marcha en todo el mundo que pretenden reciclar a los trabajadores para trabajar con IA. Por ejemplo, la "AI Academy" de Microsoft ofrece cursos gratuitos en línea sobre fundamentos de IA, aprendizaje automático y desarrollo de soluciones de IA en la plataforma Azure.

Considerada una iniciativa educativa destinada a dotar a las personas de las habilidades necesarias para comprender, desarrollar y trabajar con Inteligencia Artificial (IA), AI Academy ofrece una variedad de recursos educativos.

AI Academy ofrece una amplia gama de cursos gratuitos en línea sobre una extensa variedad de temas relacionados con la IA y el aprendizaje automático. Estos cursos abarcan desde conceptos fundamentales hasta temas avanzados en IA, como aprendizaje profundo, visión por ordenador, procesamiento del lenguaje natural y mucho más. Los cursos están diseñados para ser accesibles a personas con diferentes niveles de conocimientos técnicos, desde principiantes hasta profesionales experimentados.

Además de los cursos teóricos, *AI Academy* ofrece laboratorios prácticos que permiten a los estudiantes aplicar sus conocimientos a proyectos del mundo real. Los laboratorios se basan en la plataforma *Azure* de Microsoft y ofrecen diversos servicios y herramientas para desarrollar e implantar soluciones de IA. Esto permite a los estudiantes experimentar y desarrollar habilidades prácticas en un entorno de aprendizaje simulado.

AI Academy también proporciona una serie de materiales de aprendizaje, como documentación técnica, tutoriales paso a paso, ejemplos de código y casos prácticos. Estos recursos ayudan a los estudiantes a profundizar en los conceptos tratados en los cursos y a desarrollar sus habilidades prácticas en IA y aprendizaje automático.

Además, *AI Academy* ofrece certificaciones reconocidas por el sector en IA y aprendizaje automático. Estas certificaciones validan las habilidades y conocimientos de los profesionales en áreas específicas de la IA y son una forma de demostrar competencia a posibles empleadores. Las certificaciones que ofrece *AI Academy* incluyen la *Microsoft Certified*: *Azure AI Engineer Associate* y la *Microsoft Certified: Azure Data Scientist Associate*, entre otras.

Además de los recursos educativos, *AI Academy* ofrece una comunidad en línea donde los estudiantes pueden interactuar entre sí, hacer preguntas, compartir experiencias y colaborar en proyectos. Además, los estudiantes tienen acceso al soporte técnico de *Microsoft* para ayudar a resolver dudas y problemas relacionados con el desarrollo de soluciones de IA.

En resumen, *AI Academy* de Microsoft es una valiosa iniciativa educativa que proporciona recursos y oportunidades de aprendizaje en IA y aprendizaje automático a personas de todo el mundo. Al ofrecer cursos en línea gratuitos, laboratorios prácticos, materiales de aprendizaje y certificaciones reconocidas por el sector, *AI Academy* ayuda a dotar a las personas de las habilidades que necesitan para tener éxito en una economía cada vez más impulsada por los datos y la IA.

Del mismo modo, Google ofrece el *"Machine Learning Crash Course"*, un curso intensivo diseñado para ayudar a los profesionales a conocer los conceptos y prácticas del aprendizaje automático. Se trata, al igual que la *AI Academy* de Microsoft, de una iniciativa educativa diseñada para ofrecer una introducción práctica y accesible al aprendizaje automático. El curso está dirigido a personas con distintos niveles de experiencia en programación y matemáticas, desde principiantes hasta profesionales que buscan ampliar sus conocimientos sobre aprendizaje automático.

El curso acelerado de aprendizaje automático se centra en "aprender haciendo", por lo que los participantes tienen la oportunidad de trabajar en laboratorios prácticos que utilizan la plataforma *TensorFlow*, una popular biblioteca de código abierto para el aprendizaje automático desarrollada por Google. Los laboratorios permiten a los estudiantes experimentar y aplicar conceptos de aprendizaje automático a proyectos del mundo real.

El curso también se ha diseñado para que sea accesible a personas con formación y experiencia diversas, de modo que pueda enseñar al mayor número posible de personas. No presupone conocimientos previos avanzados de matemáticas o programación, por lo que es adecuado para principiantes. Sin embargo, también ofrece contenidos estimulantes para quienes ya tienen cierta experiencia en aprendizaje automático.

El curso acelerado de aprendizaje automático también abarca diversos temas del aprendizaje automático, como la regresión, la clasificación, la agrupación, las redes neuronales y mucho más.

Los participantes aprenderán los principios subyacentes del aprendizaje automático, así como las mejores prácticas para desarrollar y evaluar modelos de aprendizaje automático.

Además de las clases y los laboratorios en línea, el curso acelerado de aprendizaje automático ofrece una serie de recursos complementarios, como vídeos explicativos, tutoriales paso a paso y ejemplos de código. Estos recursos ayudan a los participantes a profundizar en los conceptos tratados en el curso y a desarrollar sus habilidades prácticas de aprendizaje automático.

Certificado de finalización: Al completar el curso acelerado de aprendizaje automático, los participantes tienen la oportunidad de obtener un certificado de finalización, que pueden compartir en sus perfiles profesionales y CV. El certificado valida las habilidades y conocimientos adquiridos durante el curso y puede ser una ventaja a la hora de buscar empleo en áreas relacionadas con el aprendizaje automático.

En resumen, el curso acelerado de aprendizaje automático de Google es una excelente oportunidad para las personas interesadas en aprender sobre aprendizaje automático de forma práctica y accesible. Al ofrecer clases en línea, laboratorios prácticos y recursos complementarios, el MLCC ayuda a capacitar a las personas con las habilidades necesarias para tener éxito en proyectos de aprendizaje automático y en carreras relacionadas con la ciencia de datos y la Inteligencia Artificial.

Además, varias universidades e instituciones educativas ofrecen programas de grado y certificados en IA y aprendizaje automático, diseñados para satisfacer las necesidades de reciclaje de los profesionales que desean entrar en el campo de la IA.

Sin embargo, la recualificación masiva se enfrenta a una serie de retos importantes. Uno de los mayores es garantizar que los trabajadores tengan acceso a programas de reciclaje adecuados y de alta calidad. Esto puede resultar difícil para los trabajadores con bajos ingresos o para aquellos que se enfrentan a obstáculos para acceder a la educación y la formación.

Además, muchos trabajadores pueden tener dificultades para adaptarse a nuevas carreras y adquirir nuevas competencias, especialmente si se encuentran en fases avanzadas de su carrera o tienen competencias que no son fácilmente transferibles a nuevos campos.

Según un estudio de IBM, alrededor del 40% de los trabajadores tendrán que reciclarse en los próximos años como consecuencia de la creciente implantación de la IA por parte de empresas e incluso organismos públicos. El avance de la Inteligencia Artificial, representado en Chat GPT, por ejemplo, está obligando a rediseñar el mercado laboral.

Uno de los principales temores relacionados con la tecnología es precisamente que pueda acabar con algunos puestos de trabajo. Como se ha demostrado en el capítulo anterior, estas preocupaciones son infundadas, ya que la IA está avanzando a pasos agigantados para sustituir cada vez más a los trabajadores y aumentar su productividad en determinadas áreas.

El informe de IBM analiza cómo la aparición de la Inteligencia Artificial está afectando a los modelos de negocio de las empresas. El objetivo de la investigación era comprender cómo se están adaptando las empresas al avance de la IA y cómo están utilizando la tecnología en sus operaciones diarias.

Los datos se cotejaron a partir de dos estudios previos, una encuesta a 3.000 ejecutivos de 28 países y otra a 21.000 trabajadores de 22 naciones. Los resultados no dejan lugar a dudas: la IA provocará cambios en la mano de obra y en las empresas, pero no necesariamente a peor, y corresponde a los trabajadores y a las empresas promover el desarrollo de la IA en consonancia con la oferta de puestos de trabajo.

Los ejecutivos entrevistados estiman que el 40% de la mano de obra tendrá que reciclarse en los próximos tres años debido a la inteligencia artificial. Esto significaría que hasta 1.400 millones de los 3.400 millones de personas que componen la población activa mundial, según las estadísticas del Banco Mundial, se verían afectadas. Sin embargo, el 87% de estos ejecutivos espera que la IA generativa aumente las posibilidades de empleo en lugar de acabar con ellas. Según la investigación de IBM, "los cambios laborales impulsados por la tecnología reportan una prima en la tasa de crecimiento de los ingresos del 15% de media" y los que se centran en la IA "ven una tasa de crecimiento de los ingresos un 36% superior a la de sus homólogos". "La IA no sustituirá a las personas, pero las personas que la utilizan sustituirán a las que no lo hacen", señala el informe.

Como ya es previsible en muchas profesiones, como las vinculadas a la abogacía, la medicina y la investigación universitaria en general, los profesionales del futuro tendrán que cualificarse cada vez más a lo largo de su vida para poder seguir el ritmo de los avances tecnológicos y científicos en cada área. Esto se debe a que, si bien es probable que surjan en masa profesiones más complejas, como analistas de datos, programadores e ingenieros informáticos, es probable que los empleos menos complejos disminuyan con la misma frecuencia, ya que estarán cada vez más automatizados.

Así lo afirma un artículo del Instituto McKinsey titulado *"Getting Ready for the Future of Work"*, en el que los autores establecen un paralelismo entre cómo eran antes las relaciones laborales y cómo son ahora. Según el artículo, el tiempo necesario para que las competencias de un determinado profesional dejen de ser pertinentes disminuirá. Si antes alguien pensaba, por ejemplo: "Me licencié a los 20 años, puedo seguir en esta misma profesión hasta los 60", en las próximas décadas este plazo se reducirá cada vez más, y la gente verá cómo sus competencias quedan obsoletas a los 35, 40 o 45 años.

También deberíamos discutir el hecho de que, aunque los gobiernos de todo el mundo invierten mucho en la educación y cualificación de los jóvenes, no ocurre lo mismo con las poblaciones de más edad, precisamente en el momento en que más necesitan reincorporarse al mercado laboral. Así lo afirma Jason Palmer, socio de *New Markets Venture Partners*, en el artículo mencionado:

"Como sociedad, tenemos una enorme falta de inversión en la educación y formación de las personas mayores. Existe la idea

errónea de que tiene sentido gastar entre 300.000 y 400.000 millones de dólares al año en estudiantes universitarios de entre 17 y 25 años, y muy poco después. Pero la mayoría de los estadounidenses que necesitan educación superior tienen entre 35, 45 y 55 años".

En el mismo artículo, Maria Flynn subraya la importancia del reciclaje profesional en los tiempos que vivimos, al tiempo que establece un paralelismo con los peligros que puede ocasionar una *Gig Economy* demasiado grande, afirmando que, en términos de seguridad laboral, podríamos acabar peor de lo que empezamos. dice María:

"A mayor escala, tenemos que pensar en la intersección de la movilidad económica y el futuro del trabajo, especialmente para quienes ya se han quedado atrás en la economía actual. Sin unos

sistemas de educación y desarrollo de la mano de obra altamente eficaces, estos grupos quedarán aún más rezagados."

Amy Edmonson, profesora de liderazgo y gestión en la *Harvard Business School,* afirma que debemos ver la situación como una carrera por desarrollar instituciones que apoyen y promuevan el aprendizaje permanente constante, para no dejar que las competencias de los profesionales disponibles, es decir, aquellos en edad económicamente activa y sin obstáculos para trabajar, pierdan su empleo ante la constante automatización a la que nos enfrentamos.

A medida que la automatización sigue transformando el panorama económico y profesional en todo el mundo, la cuestión del reciclaje de los trabajadores se hace cada vez más urgente y apremiante. La automatización, impulsada por avances tecnológicos como la inteligencia artificial, la robótica y la automatización de procesos, está redefiniendo las exigencias del mercado laboral y afectando a una amplia gama de industrias y profesiones. A medida que las máquinas y los algoritmos se hacen cargo de tareas que antes realizaban los humanos, muchos trabajadores corren el riesgo de perder su empleo o de ver cómo sus competencias se quedan obsoletas.

Uno de los mayores expertos mundiales en desarrollo profesional, el profesor de la *Harvard Graduate School of Education Robert Kegan*, afirma que los puestos de trabajo que ocuparemos serán cada vez más en el campo de las tareas adaptativas, es decir, aquellas que la inteligencia artificial no podrá reproducir tan bien como nosotros. Según el investigador, si antes decíamos "tendrás 6,5 empleos a lo largo de tu carrera", ahora tenemos que decir "tendrás multitud de funciones en función de tu propio crecimiento personal y tus capacidades a lo largo de tu carrera", que pueden ser con el mismo empleador, o con empleadores diferentes.

En este contexto, el reciclaje de los trabajadores ha surgido como una estrategia esencial para hacer frente a los retos que plantea la automatización. El reciclaje de los trabajadores no sólo les permite adaptarse a las nuevas exigencias del mercado laboral, sino que también les prepara para aprovechar las oportunidades creadas por la transformación tecnológica.

Uno de los principales retos, como puede verse, es garantizar que los trabajadores tengan acceso a programas de reciclaje de alta calidad que sean pertinentes para las necesidades del mercado. Esto requiere una coordinación eficaz entre gobiernos, empresas, instituciones educativas y organizaciones sociales para desarrollar y aplicar programas de formación adecuados. Además, es esencial garantizar que los programas de recualificación sean accesibles para todos, incluidos los grupos históricamente marginados o con acceso limitado a la educación y la formación.

Otro reto es hacer frente a la resistencia al cambio por parte de los trabajadores, que pueden mostrarse reacios a abandonar sus antiguas competencias y carreras en favor de nuevas oportunidades. Esto puede ser especialmente cierto en el caso de los trabajadores de más edad o los que están profundamente arraigados en sus profesiones. Superar esta resistencia requiere no sólo incentivos económicos, sino también cambiar la cultura organizativa y social para valorar el aprendizaje continuo y la adaptación al cambio tecnológico.

Además, como ya se ha dicho, es importante reconocer que la recualificación de los trabajadores no es un proceso puntual, sino continuo y en constante evolución. A medida que avanza la automatización y surgen nuevas tecnologías, los trabajadores tendrán que seguir actualizando sus competencias y conocimientos a lo largo de su carrera para seguir siendo pertinentes y competitivos en el mercado laboral.

Por lo tanto, se entiende que la recualificación de los trabajadores frente a la automatización y el cambio tecnológico es un reto polifacético que se enfrenta a una serie de obstáculos importantes. A medida que la automatización sigue remodelando el panorama económico, surgen nuevas demandas de cualificaciones, lo que deja a muchos trabajadores en riesgo de obsolescencia profesional. Sin embargo, la transición a nuevas carreras y competencias no es un camino sencillo, y a lo largo de este proceso de reciclaje surgen una serie de retos.

Muchos trabajadores pueden encontrarse con obstáculos para

acceder a la educación y la formación, ya sea por limitaciones económicas, falta de tiempo o ubicación geográfica. Además, los programas de reciclaje deben adaptarse a las necesidades específicas de los distintos grupos de trabajadores, teniendo en cuenta sus cualificaciones previas, su experiencia laboral y sus aspiraciones profesionales.

Además, existen retos a la hora de garantizar que los programas de recualificación se ajusten a las necesidades futuras del mercado laboral. A medida que la Inteligencia Artificial mejora aún más y las demandas profesionales evolucionan, es esencial que los programas de formación sean Flexibles y se actualicen periódicamente para garantizar que los trabajadores adquieran las competencias adecuadas para las carreras del futuro.

Por último, la recualificación de los trabajadores no es un proceso puntual, sino continuo y en constante evolución. A medida que avanza la automatización y surgen nuevas tecnologías, los trabajadores tendrán que seguir actualizando sus competencias y conocimientos a lo largo de su carrera para seguir siendo relevantes y competitivos en el mercado laboral. Esto requiere un compromiso continuo tanto por parte de los trabajadores como de los empresarios para invertir en el aprendizaje permanente y el desarrollo profesional.

En resumen, los retos de la recualificación de los trabajadores frente a la automatización son complejos y polifacéticos. Sin embargo, si abordamos estos retos de forma colaborativa y proactiva, podemos contribuir a garantizar una transición más suave y justa hacia una economía cada vez más automatizada y digitalizada.

CAPÍTULO 8 - EL DILEMA ÉTICO DEL DESPLAZAMIENTO DE PUESTOS DE TRABAJOS POR LA IA

En el escenario moderno impulsado por la rápida evolución de la Inteligencia Artificial, surge un dilema ético que resuena profundamente en las esferas económica, social y política: el desplazamiento de puestos de trabajo por la IA. A medida que los algoritmos avanzados y los sistemas automatizados se hacen cargo de tareas que antes realizaban los seres humanos, surgen una serie de cuestiones éticas que ponen en tela de juicio nuestros valores fundamentales y exigen una cuidadosa reflexión sobre el futuro del trabajo y de la sociedad en su conjunto.

De forma reduccionista, la "Ética" puede entenderse como una rama de la filosofía dedicada exclusivamente al estudio de los principios morales que guían el comportamiento humano. A diferencia de la moral, que es relativa y subjetiva a cada pueblo, nación, país e incluso individuo, la Ética puede definirse como un campo único que trata de investigar las razones de la aparición de un principio moral concreto.

En este capítulo exploraremos los dilemas éticos inherentes al desplazamiento de puestos de trabajo por la Inteligencia Artificial, ahondando en las complejidades morales que surgen cuando la eficiencia económica choca con el bienestar humano. Desde las repercusiones en los medios de subsistencia de las personas hasta las disparidades sociales y la distribución de la renta, este capítulo se propone examinar las ramificaciones éticas de este fenómeno y las posibles medidas para mitigar sus efectos negativos.

Al explorar el dilema ético del desplazamiento de puestos de trabajo por la IA, nos enfrentamos a cuestiones esenciales sobre la justicia, la equidad y la dignidad humana en un mundo cada vez más dominado por la tecnología. Por lo tanto, es crucial saber cómo arrojar luz sobre estos dilemas éticos cruciales y promover un diálogo esencial sobre cómo podemos navegar por este nuevo territorio de forma ética y responsable.

Estos dilemas son de tal envergadura que en los Estados Unidos de América, según un estudio publicado por LinkedIn en 2023 titulado "Future of Work Report: AI at work", la búsqueda de profesionales con competencias en ética profesional creció alrededor de un 120% en comparación con 2022.

Inicialmente, podemos ver que el desplazamiento de puestos de trabajo inducido por la Inteligencia Artificial (IA) es un fenómeno que redefine profundamente el panorama laboral, como ya hemos visto en los capítulos anteriores. Con la introducción de sistemas automatizados capaces de realizar tareas que antes sólo realizaban los seres humanos, han surgido cuestiones como la desigualdad económica y social, que afectan directamente a la dignidad de la persona humana. Y es que, más allá de la propia ética, uno de los principales retos asociados al desplazamiento de puestos de trabajo por la IA es la creciente desigualdad económica.

A primera vista, la automatización tiende a concentrar los beneficios económicos en manos de los propietarios del capital y las empresas que implementan la tecnología, mientras que los trabajadores sustituidos por la IA se enfrentan a la perspectiva de empleos precarios y salarios más bajos, lo que puede dar lugar a una creciente disparidad entre ricos y pobres, exacerbando las divisiones sociales y socavando la cohesión social.

Además, el desplazamiento de puestos de trabajo por la IA también tiene importantes implicaciones sociales. Comunidades enteras que dependen de sectores afectados por la automatización, como la fabricación o el transporte, podrían enfrentarse a dificultades económicas y sociales, como el aumento del desempleo, la pérdida de identidad cultural y el deterioro de la calidad de vida.

Como hemos visto en capítulos anteriores, lo cierto es que con la creciente introducción de la Inteligencia Artificial en las más variadas ramas de la economía mundial, millones de personas de todo el planeta corren el riesgo de perder su empleo o verse obligadas a emigrar a otros ámbitos profesionales en un futuro muy próximo. Estas consecuencias podrían conducir a la marginación y exclusión social de diversos pueblos y comunidades, creando profundas divisiones en la sociedad y aumentando la desigualdad entre países ricos y pobres, por ejemplo.

Sin embargo, el desplazamiento de puestos de trabajo por la IA también plantea cuestiones éticas sobre la dignidad humana y el significado del trabajo. Para muchas personas, el trabajo no es sólo una fuente de ingresos, sino también una fuente de identidad y realización personal. El desplazamiento de puestos de trabajo por la IA puede socavar la conexión que los trabajadores encontraban antaño con sus respectivos empleos, ya que muchos se ven obligados a cambiar de trabajo debido a la automatización de sus puestos, lo que hace que muchos trabajadores desplazados se sientan devaluados.

No sería nuevo, por tanto, reconocer que las implicaciones éticas de la Inteligencia Artificial ya se están abriendo paso por los pasillos de empresas, gobiernos e instituciones de investigación de todo el mundo, ya que su implantación podría suponer, en un futuro relativamente cercano, una verdadera centralización de nuestras vidas en torno a los potentísimos algoritmos que rodean a la Inteligencia Artificial. En este sentido, en el artículo "La transparencia en el centro de la construcción de una IA ética", Glauco Arbix conceptualiza la Inteligencia Artificial como "una agrupación de tecnologías capaces de generar otras tecnologías", lo que significa que la Inteligencia Artificial está intrínsecamente ligada al desplazamiento de puestos de trabajo y a la previsible obsolescencia de los seres humanos en la cadena de producción.

Si bien la Inteligencia Artificial es un verdadero motor de desarrollo de nuevas soluciones tecnológicas y de avances en prácticamente todos los ámbitos del conocimiento humano, también podría muy probablemente provocar el desempleo o el subempleo de millones de personas en todo el mundo.

Surge así un conflicto entre la función social de la empresa y la obsolescencia de los seres humanos en la cadena de producción impulsada por la Inteligencia Artificial, que se refleja en una tensión fundamental entre los imperativos económicos de las empresas y las consideraciones éticas y sociales relacionadas con el bienestar humano. Esto se debe a que, aunque la función principal de una empresa es generar beneficios, sabemos que la función social de una empresa implica su responsabilidad de contribuir positivamente a la sociedad, ya sea promoviendo la igualdad, creando puestos de trabajo, respetando el medio ambiente y promoviendo prácticas éticas, mejorando el bienestar de la comunidad en la que opera.

Ocurre que, debido al objetivo primordial de maximizar sus beneficios y garantizar su competitividad en el mercado, la carrera por la automatización generada por la Inteligencia Artificial que experimentan las empresas en la actualidad - y que se intensificará aún más con el paso de los años- para aumentar la eficiencia, reducir los costes operativos e impulsar la productividad. Este enfoque podría dar lugar a la sustitución de trabajadores por sistemas automatizados, lo que provocaría el desplazamiento de puestos de trabajo y la obsolescencia de las competencias humanas en la cadena de producción.

Por otra parte, esta búsqueda de la eficiencia económica puede entrar en conflicto con consideraciones éticas y sociales relativas a la dignidad y el bienestar de los trabajadores y, en última instancia, entrar directamente en conflicto con el propio trabajo. En este sentido, la obsolescencia de los seres humanos en la cadena de producción puede conducir a la pérdida de puestos de trabajo y a la precariedad laboral, lo que aumenta las desigualdades económicas y sociales. Además, una automatización excesiva puede comprometer la calidad del trabajo, reduciendo la implicación humana, la creatividad y la capacidad de decisión, elementos esenciales para la realización personal y profesional.

Surge, por tanto, un conflicto entre la función social de la empresa, cuyo objetivo es maximizar los beneficios, y la necesidad de garantizar el bienestar de los trabajadores y la cohesión social. Las empresas se enfrentan al reto de equilibrar estos intereses contrapuestos, tratando de maximizar la eficiencia económica sin comprometer el respeto de los derechos y la dignidad de los trabajadores.

Para abordar este conflicto de forma ética y responsable, es esencial que las empresas tengan en cuenta no sólo los imperativos económicos, sino también las repercusiones sociales y éticas de sus decisiones. Esto puede incluir la adopción de prácticas empresariales socialmente responsables, la inversión en programas de reciclaje y formación para los trabajadores afectados por la automatización, y el compromiso con las partes interesadas para garantizar un enfoque equilibrado e integrador de la automatización en la cadena de producción. De este modo, las empresas pueden contribuir a una economía más sostenible y equitativa, en la que la tecnología y el trabajo humano coexistan de forma armoniosa y beneficiosa para todos.

Sobre este tema, Anna Carolina M. L. Ribeiro, Pedro Cavalcanti G. Ferreira y Carlos Denner dos Santos Junior, en un trabajo titulado "Digitalización y Tecnologías de la Información y Comunicación: Oportunidades y Desafíos para Brasil" y publicado por el IPEA - Instituto de Investigación Económica Aplicada - discuten cómo estas innovaciones permean el espectro socioeconómico, provocando cambios en la productividad de las empresas, al mismo tiempo que transforman las relaciones laborales y generan incertidumbre sobre el futuro del trabajo y del empleo:

"La automatización de las actividades económicas es un fenómeno creciente. Aunque todavía no es uniforme en todas las regiones y sectores de actividad, a largo plazo es probable que se

convierta en una realidad generalizada. Por lo tanto, es esencial comprender las repercusiones de la automatización y cómo afecta a los trabajadores y al mercado laboral, incluidos sus efectos sobre los ingresos, el nivel de empleo y la distribución funcional de los ingresos, tanto entre los trabajadores y los propietarios del capital como entre los trabajadores con diferentes cualificaciones técnicas y cognitivas."

Ahora mismo, como sociedad, tenemos la oportunidad de plantear esta cuestión con vistas a preparar una política gubernamental que agilice las propuestas legislativas debido a la extrema lentitud de este proceso y a la velocidad exponencial a la que se desarrolla la tecnología. Este debate es necesario para salvaguardar mínimamente el tejido social actual.

CAPÍTULO 9 - GARANTIZAR LA AGENCIA HUMANA EN LA ERA DE LA IA

El aumento de la automatización en el mundo es una tendencia inevitable, impulsada por el avance de la tecnología y la búsqueda de eficiencia y productividad. Como sabemos, la evolución tecnológica es un fenómeno intrínseco a la historia de la humanidad, que ha marcado el progreso desde los tiempos más remotos hasta nuestros días. Desde el descubrimiento del fuego hasta las innovaciones más avanzadas de la era digital, la tecnología ha desempeñado un papel crucial en la transformación de la sociedad, impulsando el desarrollo económico, social y cultural. Los primeros registros del uso de herramientas por el hombre se remontan a millones de años atrás, cuando los primeros antepasados humanos utilizaban herramientas rudimentarias de piedra para realizar tareas sencillas como cortar alimentos y construir refugios.

Estas herramientas representaron el inicio de la relación simbiótica entre el hombre y la tecnología, permitiendo ampliar las capacidades humanas más allá de los límites físicos del cuerpo. La invención de la rueda, la domesticación de los animales, la creación de la agricultura y la metalurgia fueron hitos importantes en la historia de la tecnología, que permitieron la aparición de civilizaciones complejas y el establecimiento de sistemas sociales y económicos cada vez más sofisticados.

La Edad Media vio surgir innovaciones como los molinos de viento, la prensa móvil y la brújula, que desempeñaron papeles cruciales en la expansión del comercio, la difusión del conocimiento y la navegación marítima. El siglo XX, en cambio, trajo consigo una explosión sin precedentes de innovación tecnológica. La electricidad, la creación del automóvil, el advenimiento de la aviación, el descubrimiento de los antibióticos y el desarrollo de la informática fueron sólo algunos de los logros que dieron forma a la era moderna. El ordenador, en particular, se ha erigido en uno de los inventos más influyentes de la historia, dando lugar a la revolución digital y transformando de manera fundamental nuestra forma de vivir, trabajar y comunicarnos.

Hoy en día, nos encontramos firmemente en la era de

la Inteligencia Artificial, quizás la más disruptiva de las tecnologías de la 4ª Revolución Industrial. La historia de la Inteligencia Artificial es un viaje fascinante que se remonta décadas atrás, marcado por avances científicos, retos técnicos y momentos decisivos que han dado forma a este campo.

Aunque la IA ha logrado muchos avances impresionantes, aún se enfrenta a una serie de retos, como cuestiones éticas, sesgos algorítmicos, privacidad de los datos y problemas de seguridad. Mientras seguimos avanzando en el campo de la IA, es esencial abordar estos retos de forma responsable y ética, garantizando que la tecnología se utilice para el bien de la humanidad.

Cuando miramos al futuro, es emocionante imaginar las posibilidades que seguirá ofreciendo la IA, así como los retos que la humanidad seguirá afrontando por el camino. Estas innovaciones están cambiando rápidamente el panorama económico y social, creando nuevas oportunidades y retos a escala mundial.

El auge de la automatización y la robótica amenaza los empleos tradicionales y suscita preocupación por la desigualdad económica y la falta de privacidad. Además, la explotación indiscriminada de recursos naturales -como el mantenimiento de servidores en la nube para redes de inteligencia artificial, por ejemplo- y la producción de residuos electrónicos

contribuirán sin duda a graves problemas medioambientales, sirviendo de catalizador para el cambio climático al que ya estamos empezando a enfrentarnos.

Ante estos retos, es crucial que la evolución tecnológica se rija por los principios de responsabilidad, equidad y sostenibilidad. Esto requiere un diálogo abierto e integrador entre gobiernos, empresas, mundo académico y sociedad, dirigido a crear políticas y prácticas que promuevan el bienestar humano y el desarrollo sostenible.

Por lo tanto, es esencial que las empresas y los Estados ofrezcan oportunidades de aprendizaje y formación para que las personas puedan adquirir las competencias pertinentes para el mercado laboral automatizado. Esto incluye habilidades técnicas, como la programación y el análisis de datos, así como habilidades que son menos susceptibles a la automatización, como la empatía, la creatividad y el pensamiento crítico.

A medida que se automatizan determinadas funciones, es importante facilitar la transición de los trabajadores afectados a nuevas áreas de empleo. Esto puede hacerse mediante programas de reciclaje, subvenciones a la formación continua y apoyo al espíritu empresarial.

Fomentar el espíritu empresarial y la innovación puede ayudar a crear nuevos puestos de trabajo y estimular el crecimiento económico en medio de la automatización. A medida que el mercado laboral cambia debido a la automatización, es crucial que los países afectados apliquen políticas que protejan a los trabajadores vulnerables, como seguros de desempleo, asistencia social e incluso programas de renta básica universal, que trataremos en los próximos capítulos.

A medida que la automatización cambia la naturaleza del trabajo, también es necesario reevaluar las normas del mercado laboral, incluidas cuestiones como la jornada laboral, el salario y las prestaciones, para garantizar que los trabajadores sigan recibiendo un trato justo y equitativo.

Con la evolución tecnológica ha surgido otro problema potencialmente peligroso para los seres humanos: la ciberdelincuencia. La historia de la ciberdelincuencia se remonta a las primeras décadas de la era digital, cuando los ordenadores empezaron a formar parte integrante de la vida cotidiana. Con el tiempo, estos delitos han evolucionado en complejidad y escala, reflejando el rápido avance de la tecnología y los cambios en la sociedad. Los primeros casos de ciberdelincuencia se registraron en las décadas de 1960 y 1970, cuando los ordenadores empezaron a ser utilizados a gran escala por empresas, gobiernos e instituciones académicas. En aquella época, la ciberdelincuencia era relativamente rara y solía consistir en acciones como el pirateo de sistemas, el robo de información y el fraude electrónico. Con la llegada de Internet y la popularización de los ordenadores personales en las décadas de 1980 y 1990, la ciberdelincuencia empezó a hacerse más frecuente y sofisticada. Los hackers y crackers aprovechan las vulnerabilidades de los sistemas informáticos para su beneficio personal, vandalismo digital o actividades políticas.

La década de 1980 fue testigo de la aparición de los primeros virus y gusanos informáticos, programas maliciosos diseñados para replicarse y propagarse entre sistemas informáticos. Ejemplos notables son el gusano Morris, uno de los primeros ataques importantes de Internet en 1988, y el virus Michelangelo, que se propagó rápidamente en 1992. En las décadas de 1990 y 2000, los gobiernos y grupos militares empezaron a utilizar la ciberdelincuencia como herramienta de guerra y espionaje. Los ciberataques se han utilizado en conflictos internacionales, como el ciberataque a Estonia en 2007 y Stuxnet, un malware utilizado para sabotear el programa nuclear iraní en 2010. Con el crecimiento del comercio electrónico, las redes sociales y los servicios financieros en línea, la ciberdelincuencia se ha convertido en una industria lucrativa para los delincuentes de todo el mundo. El robo de identidad, el fraude con tarjetas de crédito, el ransomware y los ataques de phishing son cada vez más comunes y afectan a empresas y consumidores de todos los sectores. Hoy en día, la ciberdelincuencia sigue evolucionando en respuesta a los avances tecnológicos y los cambios en el panorama digital. Esto incluye el aumento de los ataques dirigidos a infraestructuras críticas como la energía y la sanidad, el crecimiento de la ciberdelincuencia organizada, el uso de la Inteligencia Artificial y el aprendizaje automático en los ciberataques, y la explotación de dispositivos IoT vulnerables. La ciberdelincuencia se adapta a la evolución, ya que los delincuentes aprovechan nuevas oportunidades y tecnologías para lograr sus objetivos. A medida que seguimos avanzando en el mundo digital, es esencial que las empresas, los gobiernos y los particulares estén alerta y tomen medidas proactivas para proteger su información y sus sistemas frente a las ciberamenazas. Esto incluye invertir en una ciberseguridad sólida, en la educación de los usuarios y en la cooperación internacional para combatir la ciberdelincuencia a escala mundial.

Ante la rápida y constante evolución tecnológica, es comprensible que muchas personas se sientan ansiosas e inseguras ante el futuro. Sin embargo, debemos tratar de comprender mejor cómo las tecnologías emergentes y su impacto en la sociedad pueden ayudar a disipar el miedo a lo desconocido. La educación continua sobre la tecnología y sus efectos puede capacitar a las personas para adaptarse y prepararse para el cambio.

En lugar de centrarnos únicamente en los retos y amenazas que plantea la tecnología, es importante reconocer las oportunidades que ofrece. La tecnología puede crear nuevos puestos de trabajo, mejorar la calidad de vida y resolver problemas sociales complejos, siempre que se utilice de forma que dé prioridad al bienestar humano sobre la eficiencia tecnológica.

Como es bien sabido, invertir en el desarrollo de habilidades menos susceptibles a la automatización, como la creatividad, el pensamiento crítico, la empatía y las habilidades sociales, puede aumentar la resiliencia de los trabajadores frente al cambio tecnológico. Es importante establecer límites saludables para el uso de la tecnología y encontrar un equilibrio entre la vida digital y la vida fuera de línea. Practicar el autocuidado, desconectar periódicamente y dar prioridad a las relaciones y experiencias significativas lejos de la pantalla puede ayudar a reducir el estrés asociado a la tecnología.

También es necesario que la sociedad participe activamente en las decisiones tecnológicas, ya que entablar un diálogo sobre el desarrollo y la implementación de las tecnologías puede ayudar a dar forma a las soluciones que buscamos a partir del uso de la Inteligencia Artificial. Esto puede incluir la promoción de audiencias públicas para la sociedad, así como la creación de plebiscitos relacionados con la implementación de nuevas tecnologías que promuevan la ética y la responsabilidad social en el uso de la tecnología. En un mundo lleno de incertidumbres, adoptar un enfoque proactivo de la evolución tecnológica parece ser el mejor camino a seguir.

La era digital ha traído consigo un abanico de oportunidades sin precedentes, pero también complejos retos éticos que afectan directamente a la dignidad humana. La dignidad humana es un principio fundamental que reconoce el valor inherente y la igualdad de todos los seres humanos, independientemente de su raza, sexo, religión o condición social.

En la era de la Inteligencia Artificial, preservar la dignidad humana significa garantizar que los avances tecnológicos no pongan en peligro los derechos fundamentales a la intimidad, la autonomía, la libertad y la igualdad entre las personas. Esta noción es fundamental en diversas tradiciones morales y filosóficas y sirve de base a los derechos humanos en todo el mundo.

La dignidad humana se considera inherente a la condición humana, lo que significa que todos los seres humanos son dignos de respeto y consideración por el mero hecho de existir. Es independiente de características individuales como las capacidades, los logros o el estatus social. Implica que todos los seres humanos son iguales en valor moral y tienen derecho al mismo respeto y consideración.

En este sentido, cuestiones como la discriminación por motivos de raza, sexo, religión y orientación sexual pueden ser especialmente espinosas para la Inteligencia Artificial Generativa, por ejemplo, ya que los sistemas de IA son susceptibles de ser entrenados con conjuntos de datos sesgados, lo que hace que la lógica que subyace a su toma de decisiones sea injusta o discriminatoria.

Esto significa que los algoritmos pueden perpetuar e incluso acentuar la pobreza y los prejuicios existentes, en lugar de promover la prosperidad y el trato justo para todas las personas. Llamamos a este fenómeno "sesgo algorítmico de la inteligencia artificial", sobre el que hoy en día tenemos poco o ningún control.

Uno de los pilares fundamentales de las sociedades liberales es la libertad individual, que debe garantizarse a todos los ciudadanos. Sin embargo, los sistemas de IA sesgados pueden restringir la libertad de las personas al perpetuar la discriminación por motivos de raza, sexo, origen étnico y otras formas de colectivismo. El resultado puede ser la negación de oportunidades, la pérdida de puestos de trabajo y, en última instancia, la limitación de la libertad de elección y el desarrollo personal.

Una IA que se utilice para elegir currículos para el departamento de Recursos Humanos de una empresa, por ejemplo, puede, de forma totalmente autónoma -y sesgada por las decisiones de los datos que ha recopilado de innumerables seres humanos-, no elegir a determinados tipos de candidatos sólo por la foto de su currículo. A menudo, los algoritmos sesgados no son más que un reflejo de las discrepancias y discriminaciones del mundo real.

Para ilustrar más claramente el ejemplo anterior, según un estudio publicado por el Programa de Educación Tutorial de la Universidad Federal de Santa María, a mediados de 2014 Amazon intentó desarrollar un sistema de Inteligencia

Artificial para evaluar los CV de los candidatos y acelerar el proceso de selección para las vacantes de desarrollo de software. El sistema fue desarrollado a partir de currículos recogidos por la empresa a lo largo de 10 años, pero debido al predominio de hombres en la industria, la mayoría de los currículos pertenecían a hombres, lo que resultó en un sistema que aprendió a dar preferencia a los candidatos masculinos, e incluso penalizó a las candidatas graduadas en universidades exclusivamente femeninas.

Otro ejemplo de que la Inteligencia Artificial amplifica las desigualdades sociales lo encontramos en un estudio que investigó más a fondo un algoritmo muy utilizado en el sector sanitario estadounidense y descubrió que el sistema subestimaba las necesidades de los pacientes negros.

Según el análisis, el algoritmo utilizaba el coste del tratamiento como factor agravante a la hora de determinar las necesidades médicas. Por diversas razones, desde económicas hasta culturales, se gastaba menos dinero en pacientes negros con dolencias igual de graves que los blancos, lo que llevaba al sistema a considerar que los pacientes negros estaban más sanos y necesitaban menos atención médica.

También hay que subrayar que los casos citados no son únicos. Ya sea en el sector jurídico, con sistemas que tienden a considerar más peligrosas a las personas de raza negra, o sistemas de reconocimiento facial que solo funcionan correctamente con los rostros de hombres blancos, hay innumerables casos de sesgo algorítmico.

Combatir el sesgo algorítmico es tan difícil porque depende de que los dirigentes de las empresas que desarrollan sistemas basados en Inteligencia Artificial tomen la iniciativa. Yael Eisenstat, ex responsable de Integridad Electoral Global en *Facebook*, informa de que los desarrolladores no reciben formación para combatir el sesgo cognitivo.

Utilizar suposiciones, ideas preconcebidas y patrones familiares para tomar decisiones en la vida cotidiana es normal y un rasgo inherente al ser humano, pero cuando se trata de cuestiones técnicas, tenemos que hacer todo lo posible para reconocer y cuestionar estos factores. Aunque muchas empresas tecnológicas cuentan con formación sobre inclusión y diversidad, el problema radica en la falta de conocimientos sobre cómo combatir los sesgos de forma real y metódica, porque los desarrolladores ni siquiera entienden qué son los sesgos cognitivos y cómo se presentan, lo que hace que cualquier intento de corregir los sesgos algorítmicos sea insatisfactorio y superficial.

Según Eisenstat, "estos errores se cometen al intentar hacer lo correcto. Pero demuestran por qué asignar a ingenieros y científicos de datos sin preparación la tarea de corregir los sesgos es, en el nivel más amplio, ingenuo, y en el nivel de liderazgo, poco sincero."

El uso exclusivo de datos para analizar una situación en sí mismo es producto de lo que se conoce como sesgo de disponibilidad, una propensión que surge cuando se utiliza la información más fácilmente disponible en lugar de la que realmente es más representativa, y que a menudo eclipsa la necesidad de evaluar críticamente la información para garantizar que no está sesgada. Este análisis crítico requiere más tiempo y formación, lo que va en contra de la cultura de "move fast and break things" (*moverse rápido y romper cosas*), una estrategia que prioriza la acción sobre el análisis, adoptada por muchas empresas tecnológicas.

Además, el campo de la Inteligencia Artificial adolece de un problema de gobernanza: la regulación del uso de la IA es, en el mejor de los casos, incompleta y, en el peor, inexistente. Las normas mundiales, las políticas de uso y las instituciones que regulan el uso y desarrollo de

inteligencias artificiales avanzadas son escasas, lo que supone un factor negativo para los desarrolladores de algoritmos de análisis, ya que no disponen de un código o normativa en los que basar sus sistemas, pero también dificulta la inspección y corrección de las herramientas de Inteligencia Artificial. Sin un organismo que evalúe los métodos y resultados de los análisis de Inteligencia Artificial, no existe un control legislativo sobre el sesgo algorítmico.

En resumen, el problema de las IA sesgadas es complejo pero cada vez más urgente. Con el aumento de la popularidad de las inteligencias artificiales, cada vez es más importante corregir el sesgo algorítmico, tanto desde un punto de vista social como práctico, ya que la objetividad es uno de los incentivos para utilizar un sistema informático. Por lo tanto, es esencial que se produzca un cambio tanto en el proceso de desarrollo como en el de evaluación de las herramientas basadas en la IA, para evitar que lo que debería agilizar procesos y resolver impasses acabe únicamente reproduciendo y amplificando prejuicios y desigualdades.

En cuanto a las cuestiones legislativas, estamos asistiendo a un aumento gradual de la preocupación por la regulación del uso de la Inteligencia Artificial. En junio de 2023, por ejemplo, se aprobó la U.S. AI Act, una regulación del uso de la Inteligencia Artificial dentro de la Unión Europea, que pretende proteger tanto a inversores y desarrolladores como a usuarios y clientes, y entre las normas aprobadas se encuentra una lista de requisitos legales sobre lo que se ha clasificado como aplicaciones de alto riesgo, clasificación que incluye sistemas de análisis, como una herramienta para escanear y clasificar CVs. En Brasil, el Proyecto de Ley 2338/2023 fue presentado por el Senador Rodrigo Pacheco, Presidente del Senado Federal, en mayo de 2023, y es un proyecto de ley que prevé el uso de la Inteligencia Artificial. Actualmente, en noviembre de 2023, el proyecto de ley está a la espera de una audiencia pública.

La inteligencia artificial es una innovación que tiene un gran potencial para mejorar los procesos en diversos ámbitos, pero para ello es necesario garantizar que su uso sea beneficioso para la sociedad. Combatir los sesgos algorítmicos es una de las medidas necesarias para garantizar que la tecnología pueda servir a su propósito: mejorar las condiciones de vida superando limitaciones que, como en el caso de los sesgos cognitivos, son esencialmente humanas.

La Inteligencia Artificial ha tenido un impacto significativo en la dignidad humana, tanto positivo como negativo. Sus efectos positivos son diversos, ya que tiene el potencial de democratizar aún más el acceso a la información y la educación, permitiendo a personas de todo el mundo adquirir conocimientos sobre una variedad de temas con sólo hacer una pregunta a una IA generativa. Esto contribuye a la autonomía y el empoderamiento de las personas, fomentando su dignidad al permitirles participar activamente en la sociedad.

Tecnologías como la automatización, la Inteligencia Artificial y el análisis de datos han aumentado la eficiencia y la productividad en diversos sectores, reduciendo el tiempo y el esfuerzo necesarios para realizar tareas complejas. Esto puede liberar tiempo y recursos para actividades más significativas y gratificantes, aumentando la sensación de realización y la autoestima de las personas.

Sin embargo, algunos de sus efectos negativos han asolado el mundo, ya que el uso generalizado de tecnologías de vigilancia, dispositivos de seguimiento y análisis de datos suscita preocupación por la pérdida de privacidad y autonomía de las personas. Esto puede dar lugar a una vigilancia masiva, a violaciones de la intimidad y, potencialmente, a la manipulación de datos por parte de entidades gubernamentales o corporativas.

La dependencia excesiva de la IA puede conducir a la alienación social, el aislamiento y la disminución de la interacción entre los seres humanos. Esto puede poner en peligro el desarrollo de habilidades sociales y emocionales, así como la salud mental de las personas, afectando a su dignidad y bienestar emocional.

Por otro lado, la exclusión total de los individuos de la Era de la Inteligencia Artificial, derivada de la falta de acceso a dispositivos y conexión a internet, podría crear disparidades sociales y económicas que podrían socavar la dignidad de las personas. Quienes no tengan acceso a las tecnologías digitales podrían quedar rezagados en cuanto a oportunidades educativas, empleo y participación en la sociedad.

El concepto de "*capitalismo consciente de la tecnología*" se refiere a un enfoque empresarial que combina los principios del capitalismo consciente con el uso responsable y ético de la tecnología. Las empresas que adoptan el capitalismo consciente de la tecnología suelen tener un propósito más amplio que el beneficio. Esto puede incluir la misión de utilizar la tecnología para resolver problemas sociales, mejorar la calidad de vida de las personas o promover la sostenibilidad medioambiental.

Estas empresas dan prioridad a la ética empresarial y la transparencia en sus operaciones. Esto puede implicar la adopción de políticas claras de protección de datos, el respeto de la privacidad de los usuarios y la divulgación de prácticas empresariales éticas. Con ello, pretenden generar un impacto social positivo a través de sus actividades empresariales.

Esto puede lograrse desarrollando productos y servicios que satisfagan las necesidades humanas básicas, promuevan la inclusión digital y reduzcan las disparidades sociales.

Intentan innovar de forma responsable, teniendo en cuenta el impacto social, medioambiental y ético de sus tecnologías. Esto puede implicar llevar a cabo evaluaciones de impacto social, consultar a las partes interesadas y tener en cuenta las preocupaciones éticas desde las primeras fases del desarrollo del producto.

En este sentido, respetar los derechos humanos en cada etapa de sus operaciones, desde la cadena de suministro hasta el uso de la Inteligencia Artificial y la automatización, es crucial. Esto puede incluir la promoción de la diversidad y la inclusión en el lugar de trabajo y el apoyo a los derechos de los trabajadores.

Reconocer la importancia de la sostenibilidad medioambiental y tratar de minimizar el impacto medioambiental de sus operaciones también es sumamente importante. Esto implica adoptar prácticas de producción sostenibles, utilizar energías renovables y reducir las emisiones de carbono, tratando de equilibrar el objetivo de generar beneficios con el compromiso de promover el bienestar humano, la justicia social y la sostenibilidad medioambiental mediante el uso responsable y ético de la tecnología.

Su impacto en las empresas ya se está dejando sentir en el buen sentido, pues la tecnología puede automatizar procesos manuales y repetitivos, reduciendo la necesidad de mano de obra y los costes asociados. Esto puede incluir la automatización de tareas administrativas, una producción más eficiente y una gestión optimizada de las existencias, lo que se traduce en un ahorro de tiempo y dinero para la empresa. La implantación de sistemas tecnológicos y software puede mejorar la eficiencia operativa, permitiendo a las empresas hacer más con menos recursos. Esto puede dar lugar a una producción más rápida, entregas más ágiles y procesos de trabajo más eficaces, aumentando la productividad y rentabilidad de la empresa. La tecnología puede ayudar a las empresas a supervisar y controlar mejor la calidad de sus productos y servicios, reduciendo errores y defectos.

Esto puede dar lugar a menos repeticiones, menos desperdicio de materiales y una mejor reputación en el mercado, lo que puede traducirse en un aumento de las ventas y de la satisfacción del cliente. También puede abrir nuevas oportunidades de mercado y ampliar el alcance de las empresas.

Esto puede lograrse mediante la aplicación de estrategias de marketing digital, el desarrollo de plataformas de comercio electrónico, el comercio electrónico y la expansión a mercados internacionales, aumentando las oportunidades de venta y los ingresos, lo que permite a las empresas recopilar, almacenar y analizar grandes volúmenes de datos, proporcionando información valiosa para apoyar la toma de decisiones estratégicas, que pueden incluir el análisis de mercado, la previsión de la demanda, la identificación de las tendencias de consumo y la optimización de precios, ayudando a las empresas a maximizar sus beneficios y minimizar los riesgos.

La relación entre la tecnología y el ser humano es compleja y polifacética, marcada por una interacción dinámica que repercute en casi todos los aspectos de la vida moderna. He aquí algunas reflexiones sobre esta relación:

La automatización y la Inteligencia Artificial tienen el potencial de sustituir muchos empleos tradicionales, lo que suscita preocupación por el desempleo tecnológico y la pérdida de capacidades humanas.

Los algoritmos de Inteligencia Artificial pueden reRejar y amplificar los prejuicios y sesgos humanos, dando lugar a discriminación algorítmica e injusticia social. Al mismo tiempo, la Inteligencia Artificial puede amplificar las capacidades humanas proporcionando herramientas y recursos que permitan realizar tareas de forma más eficiente y eficaz. La tecnología puede inspirar la innovación y la creatividad, abriendo nuevas posibilidades para la expresión artística, el descubrimiento científico y la resolución de problemas.

La recogida y uso de datos personales plantea cuestiones sobre privacidad y seguridad, que exigen una cuidadosa reflexión sobre cómo proteger los derechos individuales en un mundo cada vez más digital. La distribución desigual del acceso a la tecnología crea disparidades sociales y económicas, que exigen esfuerzos para garantizar que todos tengan las mismas oportunidades de beneficiarse de las innovaciones tecnológicas.

Puede amenazar la autonomía y el control individuales, especialmente cuando algoritmos y sistemas automatizados toman decisiones importantes sin la adecuada supervisión humana. Para maximizar los beneficios y minimizar los riesgos, es esencial adoptar un enfoque ético y holístico que tenga en cuenta las necesidades y valores humanos en todas las fases del desarrollo y uso de la tecnología.

También es necesario impartir formación sobre el uso ético y responsable de herramientas como la Inteligencia

Artificial Generativa y los riesgos asociados a la recopilación desenfrenada de datos por parte de las organizaciones.

El mundo evoluciona constantemente, impulsado por la rápida transformación tecnológica que conforma nuestra vida cotidiana. Es la capacidad de aceptar que el aprendizaje de nuevas habilidades, el dominio de nuevas herramientas y la comprensión de nuevos conceptos harán que los seres humanos destaquemos frente a la inmensa perturbación causada por la IA. Al igual que una planta crece gradualmente a partir de una semilla, nuestra comprensión y nuestras habilidades tecnológicas también se desarrollan lentamente, capa a capa. Cada reto tecnológico que se nos presenta es una oportunidad para crecer y aprender. En lugar de desanimarnos por los obstáculos, deberíamos verlos como oportunidades para reforzar nuestra resistencia y perfeccionar nuestras habilidades.

También es importante confiar en el potencial transformador de la Inteligencia Artificial. En este sentido, las empresas deben identificar las áreas de su negocio que pueden beneficiarse de la implantación de la Inteligencia Artificial y las formas de automatización que han surgido y surgirán con el tiempo, definiendo objetivos claros y medibles para el proceso de implantación.

Deben realizar una investigación detallada de las opciones disponibles en el mercado y elegir las soluciones tecnológicas que mejor se adapten a las necesidades y objetivos de su empresa, sin olvidar priorizar siempre la importancia de armonizar el afán de lucro que mueve a cualquier empresa con la dignidad de la persona humana. Por ello, es fundamental elaborar un plan de implantación detallado que establezca calendarios de implantación realistas y que se ejecute con cuidado y atención a los detalles, minimizando las interrupciones y maximizando los beneficios.

También es necesario invertir en la formación de los profesionales para que no se "pierdan por el camino", para que se sientan cómodos y sean capaces de realizar tareas en tándem con la Inteligencia Artificial. La tecnología evoluciona constantemente, por lo que es importante mantenerse actualizado y seguir las últimas tendencias e innovaciones para garantizar que los trabajadores sigan siendo competitivos en el mercado laboral.

Esto se debe a que la implantación de la Inteligencia Artificial en empresas de todo el mundo no es solo una actualización tecnológica, sino una transformación fundamental que puede impulsar el crecimiento, la innovación y el éxito empresarial.

La aplicación de políticas públicas ante el auge de la Inteligencia Artificial es esencial para garantizar que las personas puedan prosperar y beneficiarse de las innovaciones sin comprometer su calidad de vida. He aquí algunas políticas que podrían tenerse en cuenta:

a) Garantizar que todo el mundo tenga acceso a la educación tecnológica es fundamental para que las personas puedan adaptarse y prosperar en un mundo cada vez más tecnológico. Esto incluye programas de educación digital desde la escuela primaria hasta la formación continua para adultos. Desarrollar programas e iniciativas para promover la

alfabetización digital, ayudando a las personas a entender cómo utilizar la tecnología de forma eficaz y segura, incluyendo la navegación por Internet, la protección de datos y la identificación de información fiable en línea. Reconocer la importancia de las habilidades sociales y emocionales en un mundo tecnológico y desarrollar programas que ayuden a las personas a cultivar habilidades como la empatía, la colaboración y la resolución de conflictos para promover relaciones sanas y el bienestar emocional.

b) Aplicar políticas y normativas para proteger los

derechos digitales de las personas, incluida la privacidad de los datos, la libertad de expresión en línea y la igualdad de acceso a la tecnología, garantizando que todos puedan beneficiarse de las oportunidades que ofrece el mundo digital. Invertir en iniciativas para reducir la brecha digital y garantizar que todas las comunidades, independientemente de su ubicación o estatus socioeconómico, tengan igual acceso a la tecnología y a los recursos en línea, promoviendo así la inclusión y la equidad. Conciliación de la vida laboral y familiar.

c) Promover políticas que favorezcan un equilibrio saludable entre la vida laboral y personal, reconociendo los impactos de la tecnología en la salud mental y fomentando prácticas como la desconexión digital, la promoción de pausas regulares y la valoración del tiempo fuera del trabajo. Invertir también en investigación y desarrollo de tecnologías que sean éticas, responsables e integradoras, teniendo en cuenta las repercusiones sociales, medioambientales y económicas a largo plazo.

d) Desarrollar programas de formación y reciclaje para ayudar a las personas a adaptarse a los cambios del mercado laboral impulsados por la tecnología, garantizando que todos puedan prosperar y beneficiarse de las oportunidades que ofrece la economía digital.

Estas son solo algunas de las políticas que pueden aplicarse para promover la mejora de los seres humanos ante el crecimiento tecnológico.

Es esencial, como ya se ha dicho, que los gobiernos desempeñen un papel activo de apoyo a las empresas en la evolución tecnológica mundial. He aquí algunas formas en que los gobiernos pueden ayudar a las empresas en este sentido mediante la aplicación de políticas y normativas.

Los gobiernos pueden poner a disposición recursos financieros, como subvenciones, préstamos e incentivos fiscales, para ayudar a las empresas a adoptar tecnologías innovadoras. Esto puede ayudar a las empresas a superar los costes iniciales asociados a la implantación de nuevas tecnologías y acelerar el proceso de innovación, así como colaborar con el sector privado a través de asociaciones público-privadas para promover la innovación tecnológica.

También puede incluir la creación de cursos de formación, programas de prácticas y asociaciones con instituciones educativas. También pueden promover el comercio internacional y la cooperación tecnológica entre empresas de distintos países, facilitando el intercambio de conocimientos, tecnologías y mejores prácticas. Esto puede ayudar a las empresas a ampliar sus mercados y acceder a nuevas oportunidades de crecimiento. Al desempeñar un papel activo de apoyo a las empresas en su evolución tecnológica, los gobiernos pueden contribuir a impulsar el crecimiento económico, promover la innovación y crear puestos de trabajo de alta calidad para sus ciudadanos. Esta cooperación entre los sectores público y privado es clave para garantizar un futuro próspero y sostenible para todos.

Por último, armonizar el "superbeneficio" de las empresas con la supervivencia humana y el bienestar general exige un delicado equilibrio entre los objetivos económicos y los imperativos éticos y sociales. He aquí algunos modelos y enfoques que pueden considerarse para lograr esta armonización:

a) Modelo de Responsabilidad Social Corporativa (RSC): Las empresas pueden adoptar políticas de RSC, comprometiéndose a actuar de forma ética y responsable en relación con sus impactos sociales, medioambientales y económicos. Esto puede incluir la aplicación de prácticas empresariales sostenibles, la inversión en comunidades locales, el apoyo a programas de educación y formación, y la transparencia en la divulgación de información sobre el impacto financiero y social.

b) Modelo de capitalismo consciente: Propuesto por líderes empresariales como John Mackey, antiguo consejero delegado de Whole Foods, el capitalismo consciente aboga por un enfoque holístico de los negocios, cuyo objetivo no es sólo generar beneficios, sino también crear valor para todas las partes interesadas, incluidos los empleados, los clientes, los proveedores, las comunidades y el medio ambiente. Esto implica adoptar una visión a largo plazo, cultivar una cultura empresarial basada en valores éticos y promover la responsabilidad social y medioambiental.

c) Modelo de economía circular: Este modelo económico propone un enfoque regenerativo y sostenible de la producción y el consumo de bienes y servicios. En lugar de seguir un modelo lineal de "producir, usar y tirar", la economía circular promueve la reutilización, el reciclaje y la reutilización de los recursos, minimizando los residuos y maximizando el valor económico, social y medioambiental a lo largo del ciclo de vida de un producto.

d) Modelo de innovación responsable: Las empresas pueden perseguir la innovación responsable desarrollando y aplicando tecnologías y prácticas empresariales que satisfagan las necesidades de la sociedad, respeten los derechos humanos y promuevan el bienestar humano y medioambiental. Esto puede implicar una cuidadosa consideración de las repercusiones sociales y éticas de las nuevas tecnologías, así como la colaboración con las partes interesadas para garantizar que la innovación beneficie a todos.

También es importante reconocer que no existe una solución única para este complejo reto, y que puede ser necesario un enfoque integrado y colaborativo en el que participen empresas, gobiernos, sociedad y mundo académico para lograr un equilibrio sostenible entre los intereses económicos y éticos.

CAPÍTULO 10 - UN NUEVO CONTRATO SOCIAL PARA EL FUTURO

A medida que avanzamos hacia la era de la Inteligencia Artificial, nos enfrentamos a una nueva realidad que redefine los fundamentos de nuestro sistema económico y social. La rápida evolución de la tecnología está transformando radicalmente el mundo laboral, planteándonos retos sin precedentes que exigen una respuesta igualmente innovadora y global.

En este escenario de cambios vertiginosos, la estabilidad laboral y la seguridad financiera de los trabajadores se perfilan como preocupaciones cruciales que no pueden ignorarse. La automatización y la IA están alterando profundamente la naturaleza y la distribución del trabajo, automatizando tareas antes realizadas por humanos y reconfigurando las necesidades del mercado laboral. Mientras tanto, la promesa de eficiencia y productividad que ofrece la tecnología se ve contrarrestada por la amenaza del desempleo masivo y la creciente desigualdad. Ante estos retos, es evidente que nuestro contrato social actual no está preparado para hacer frente a las complejidades e incertidumbres de la era de la inteligencia artificial. Por lo tanto, es crucial que entablemos un diálogo abierto y proactivo sobre cómo podemos adaptar nuestro contrato social para garantizar una transición justa y sostenible a la economía del futuro.

En este capítulo, exploraremos la acuciante necesidad de un nuevo contrato social que no solo garantice la seguridad laboral, sino que también proporcione un apoyo integral a las personas afectadas por la disrupción impulsada por la IA. Con ello, pretendemos no solo mitigar los efectos negativos de la automatización, sino también aprovechar las oportunidades únicas que presenta la era de la IA para crear una sociedad más justa, inclusiva y próspera para todos sus miembros.

La llegada de la Inteligencia Artificial (IA) ha supuesto una revolución en la forma en que las sociedades enfocan el trabajo y la economía. La rápida evolución tecnológica ha traído consigo la automatización de tareas que antes realizaban los seres humanos, lo que ha provocado cambios profundos y a veces perturbadores en el mercado laboral. Sectores enteros se están remodelando a medida que las empresas adoptan soluciones basadas en la IA para aumentar la eficiencia, reducir costes y seguir siendo competitivas en un escenario globalizado.

Esta transformación no es sólo un cambio de paradigma; es una redefinición fundamental de la naturaleza del empleo. Los empleos que antes se consideraban estables y seguros son cada vez más precarios, mientras que surgen nuevas oportunidades en sectores relacionados con la tecnología y la innovación. Esta dualidad crea un panorama complejo, en el que la incertidumbre sobre el futuro del trabajo coexiste con el potencial de nuevas formas de creación de valor y prosperidad económica.

En el centro de esta evolución está la automatización, impulsada por los avances en áreas como el aprendizaje automático, el procesamiento del lenguaje natural y la robótica. Las tareas repetitivas y predecibles que antes realizaban los humanos ahora pueden ser llevadas a cabo por algoritmos y máquinas con mayor rapidez y precisión. Esto plantea interrogantes sobre el impacto de la automatización en el empleo humano y la distribución de los ingresos, así como sobre las competencias y cualificaciones necesarias para prosperar en una economía impulsada por la IA.

Además de la automatización, la IA también está

configurando el mercado laboral de otras maneras. Está facilitando la aparición de nuevos modelos de negocio, como las plataformas de economía colaborativa y los mercados en línea, que conectan a proveedores de servicios independientes directamente con los clientes que buscan trabajo. Esta economía a la carta ofrece flexibilidad y autonomía a los trabajadores, pero también plantea problemas de seguridad laboral, prestaciones y protección social.

Ante estos cambios, está claro que se necesita un nuevo contrato social que garantice la seguridad del empleo y proporcione un apoyo adecuado a los afectados por las perturbaciones provocadas por la IA. Esto requiere un enfoque holístico que tenga en cuenta no sólo las preocupaciones inmediatas de los trabajadores, sino también las tendencias a largo plazo de la economía y la sociedad. La aplicación de políticas progresistas, como la renta básica universal y las garantías de empleo, pueden desempeñar un papel crucial en este empeño, proporcionando una red de seguridad para las personas mientras navegamos por los retos y oportunidades del futuro del trabajo en la era de la IA.

La creciente presencia de la IA en el mercado laboral no sólo ofrece oportunidades de optimización y eficiencia, sino que también plantea importantes retos para la seguridad del empleo. La automatización está cambiando radicalmente la naturaleza de muchas ocupaciones, eliminando puestos de trabajo en sectores tradicionales y creando demanda de nuevas capacidades y competencias. Esta transición puede ser especialmente difícil para los trabajadores que dependen de competencias que se están quedando obsoletas debido a la automatización, lo que provoca desempleo estructural e incertidumbre económica.

Uno de los principales retos es la brecha de competencias, que se hace evidente a medida que sigue creciendo la demanda de profesionales cualificados en áreas como la ciencia de datos, la Inteligencia Artificial y la programación. Muchos trabajadores se enfrentan a dificultades para adaptarse a esta nueva realidad, especialmente aquellos que no tienen acceso a oportunidades de educación y formación en tecnologías emergentes. Esto puede dar lugar a una creciente brecha entre los que están preparados para los empleos del futuro y los que se quedan atrás por falta de competencias pertinentes.

Además, la naturaleza impredecible y rápida del cambio tecnológico dificulta a los trabajadores anticiparse y prepararse para las demandas del mercado laboral. Profesiones que se consideraban seguras y estables pueden verse repentinamente perturbadas por la automatización, dejando a los trabajadores sin empleo y luchando por reinventarse en una economía en constante evolución. Esta incertidumbre puede generar ansiedad y estrés entre los trabajadores, perjudicando su bienestar físico y mental.

Además, el auge de la IA suscita preocupación por la desigualdad económica y social. A medida que la automatización sustituye a los empleos poco cualificados, podría exacerbar las disparidades de ingresos y aumentar la polarización entre trabajadores

cualificados y no cualificados. Esto puede provocar tensiones sociales y políticas, exacerbar las divisiones en nuestra sociedad y socavar la cohesión social.

Ante estos retos, es imperativo que adoptemos un enfoque proactivo para garantizar la seguridad laboral y proporcionar apoyo a los trabajadores afectados por la automatización impulsada por la IA. Las políticas progresistas, como la renta básica universal y las garantías laborales, pueden desempeñar un papel crucial a la hora de mitigar los efectos negativos de la automatización y promover una transición justa e inclusiva hacia una economía basada en la IA. Al mismo tiempo, debemos invertir en educación y formación para capacitar a los trabajadores para prosperar en un mercado laboral en constante cambio, garantizando que nadie se quede atrás en el proceso de transformación económica.

Ante los retos que plantean el auge de la IA y la automatización, el Estado desempeña un papel crucial a la hora de garantizar la seguridad laboral y proteger a los trabajadores. El gobierno tiene la responsabilidad de crear políticas y programas que ayuden a los trabajadores a adaptarse al cambio tecnológico y garantizar que nadie se quede atrás en el proceso de transformación económica. Esto requiere un enfoque global que aborde no sólo los efectos inmediatos de la automatización en el empleo, sino también las causas subyacentes de la desigualdad y la inseguridad económica.

Una de las formas en que el Estado puede promover la seguridad del empleo es a través de políticas activas de empleo que estimulen el crecimiento económico y creen oportunidades para los trabajadores. Esto puede incluir inversiones en infraestructuras, educación e innovación, así como incentivos para las empresas que creen puestos de trabajo e inviertan en la formación de sus empleados. Al estimular la demanda de mano de obra y promover el desarrollo de competencias, el Estado puede contribuir a mitigar los efectos negativos de la automatización en el mercado laboral.

Además, el gobierno puede poner en marcha programas de formación y educación profesional que permitan a los trabajadores adaptarse a las nuevas exigencias del mercado laboral. Esto puede implicar asociaciones con empresas e instituciones educativas para desarrollar programas de formación a medida que enseñen habilidades relevantes para los empleos del futuro. Al facilitar el acceso a una educación y formación de calidad, el Estado puede ayudar a los trabajadores a seguir siendo competitivos en un mercado laboral en rápida evolución.

Otra forma en que el Estado puede garantizar la seguridad del empleo es aplicando políticas de protección social que ofrezcan apoyo a los trabajadores durante los períodos de transición y desempleo. Esto puede incluir seguros de desempleo, asistencia sanitaria y programas de apoyo a los ingresos, que garanticen que los trabajadores tengan acceso a los recursos básicos mientras buscan nuevas oportunidades laborales. Estas políticas ayudan a reducir la ansiedad y el estrés asociados a la pérdida del empleo, proporcionando una red de seguridad a los trabajadores afectados por la automatización.

En resumen, el Estado desempeña un papel clave a la hora de garantizar la seguridad laboral y proteger a los trabajadores en la era de la IA. Adoptando un enfoque global que combine políticas de empleo, formación y protección social, el Gobierno puede contribuir a promover una transición justa e integradora hacia una economía basada en la IA, garantizando que todas las personas tengan la oportunidad de prosperar en un mercado laboral en constante cambio.

Una respuesta innovadora a la creciente inseguridad laboral es la implantación de una renta básica universal (RBU). La RBU podría garantizar un nivel mínimo de ingresos a todos los ciudadanos, independientemente de su situación laboral o económica. Esto proporciona estabilidad financiera y reduciría la ansiedad en torno a la pérdida de empleo debido a la automatización, permitiendo a las personas centrarse en la búsqueda de oportunidades de empleo más significativas o participar en actividades creativas y de voluntariado.

La implantación de una RBU podría transformar fundamentalmente la dinámica económica y social de una sociedad. Al proporcionar una fuente de ingresos garantizada, la RBU permitiría a los individuos tomar decisiones basadas en sus intereses y pasiones, en lugar de sentirse atrapados en trabajos no deseados sólo para sobrevivir. Esto podría conducir a una mayor realización personal y satisfacción laboral, lo que redundaría en una sociedad más sana y productiva.

Además, la RBU podría ayudar a abordar los retos emergentes

derivados de la automatización y la IA. A medida que se automatizan más empleos, muchos trabajadores pueden tener dificultades para encontrar un trabajo remunerado suficiente para mantener a sus familias. La RBU garantizaría que todo el mundo tenga acceso a una fuente estable de ingresos, independientemente de las fluctuaciones del mercado laboral, proporcionando seguridad económica en un mundo en constante cambio.

Uno de los principales argumentos a favor de la RBU es que fomenta la igualdad de oportunidades al proporcionar un colchón financiero para todos, independientemente de su origen socioeconómico. Esto podría contribuir a reducir las disparidades de ingresos y mejorar la movilidad social. Además, la RBU simplificaría los sistemas de bienestar existentes al eliminar la burocracia asociada a los programas de asistencia social y garantizar que nadie se quede al margen de la seguridad social.

Sin embargo, la aplicación de la RBU también plantea una serie de cuestiones complejas que deben tenerse en cuenta. Uno de los principales retos es la financiación adecuada del programa. Distribuir una renta básica a toda la población supondrá costes considerables, y es crucial garantizar que los recursos se asignen de forma justa y eficiente. Para ello puede ser necesaria una combinación de impuestos sobre el patrimonio, impuestos sobre las transacciones financieras y otras medidas que garanticen una distribución equitativa de los costes.

Además, preocupa que la RBU pueda desincentivar el trabajo, llevando a la gente a optar por vivir de la renta básica en lugar de buscar empleo. Para mitigar este riesgo, algunos defensores proponen aplicar incentivos laborales, como programas de formación y educación continua, que ayudarían a capacitar a los trabajadores para adaptarse a las exigencias de un mercado laboral en constante evolución.

A pesar de estos retos, la implantación de la RBU tiene el potencial de transformar radicalmente la forma en que concebimos el bienestar económico y social. Al garantizar una fuente estable de ingresos para todos los ciudadanos, independientemente de las fluctuaciones del mercado laboral, la RBU podría crear una sociedad más equitativa e integradora, en la que todos tengan la oportunidad de prosperar y contribuir al bienestar colectivo.

Hay varios argumentos de peso que apoyan la implantación de la renta básica universal (RBU) como parte de un nuevo contrato social. En primer lugar, la RBU puede proporcionar una red de seguridad económica a todos los miembros de la sociedad, independientemente de su situación laboral o de ingresos. Esto significa que incluso los desempleados debido a la automatización u otros cambios tecnológicos tendrían acceso a una fuente fiable de sustento, lo que reduciría significativamente la inseguridad financiera y la pobreza.

Además, la RBU tiene el potencial de simplificar significativamente los sistemas de bienestar existentes al eliminar la burocracia asociada a programas de asistencia social complejos y a menudo estigmatizantes. En lugar de tener que sortear una serie de requisitos y restricciones para acceder a las prestaciones, los individuos recibirían un pago regular e incondicional, que les garantizaría dignidad y autonomía financiera.

Otro argumento a favor de la RBU es que promueve la igualdad de oportunidades. Al proporcionar a todos los ciudadanos un nivel mínimo de ingresos, la RBU nivelaría el terreno de juego, permitiendo que todos tuvieran acceso a los recursos que necesitan para perseguir oportunidades de educación, formación y empleo. Esto podría contribuir a reducir las disparidades de ingresos y mejorar la movilidad social, creando una sociedad más justa e integradora.

Además, la RBU podría impulsar la economía de varias

maneras. Al proporcionar a las personas más recursos financieros para gastar, la RBU podría estimular la demanda agregada e impulsar el crecimiento económico. Además, al proporcionar una red de seguridad económica, la RBU podría fomentar la innovación y el espíritu empresarial, permitiendo a las personas asumir riesgos calculados para crear nuevas empresas o seguir carreras creativas y emprendedoras.

Otro aspecto importante de la RBU es su potencial para reconocer y valorar el trabajo no remunerado, como el trabajo doméstico y el cuidado de niños y ancianos. Este trabajo vital suele estar infravalorado e insuficientemente compensado en la economía tradicional. Al proporcionar una renta básica a todos los ciudadanos, la RBU reconocería y compensaría este trabajo esencial, promoviendo una mayor igualdad de género y valorando todas las formas de contribución a la sociedad.

Por último, la implantación de la RBU podría simplificar el sistema fiscal, eliminando la necesidad de una miríada de créditos y deducciones fiscales destinados a apoyar a los trabajadores con bajos ingresos. Esto podría reducir la complejidad burocrática y aumentar la eficiencia del sistema fiscal, haciéndolo más equitativo y transparente para todos los contribuyentes.

Dados estos convincentes argumentos, está claro que

la implantación de la renta básica universal tiene el potencial de transformar radicalmente nuestra sociedad para mejor, proporcionando seguridad económica, promoviendo la igualdad de oportunidades y reconociendo el valor del trabajo no remunerado. Sin embargo, es importante reconocer que la RBU también presenta retos y problemas en términos de financiación, impacto económico e incentivos laborales, que deben ser cuidadosamente considerados y abordados en la elaboración de políticas.

Aunque la renta básica universal (RBU) se ha debatido ampliamente y se considera un enfoque prometedor para abordar los retos de la automatización y la inseguridad laboral, también existen argumentos válidos en contra de su aplicación. Es importante considerar estas críticas de forma exhaustiva para evaluar adecuadamente los méritos y los retos asociados a la RBU como parte de un nuevo contrato social.

Uno de los principales argumentos contra la RBU es su potencial para desincentivar el trabajo. La idea de percibir una renta básica con independencia del empleo podría llevar a algunas personas a optar por no trabajar o reducir su jornada laboral, especialmente en empleos mal remunerados o que requieran un trabajo duro. Esto podría provocar una reducción de la oferta de mano de obra y una disminución de la productividad económica, perjudicando el crecimiento económico y la sostenibilidad a largo plazo.

Además, la cuestión de la financiación es una preocupación importante a la hora de implantar una RBU. La creación de un sistema de pago regular e incondicional para todos los ciudadanos requeriría considerables recursos, lo que plantea interrogantes sobre cómo financiar una iniciativa de este tipo sin aumentar significativamente los impuestos ni incrementar el déficit público. Esto puede resultar especialmente difícil en economías ya lastradas por la deuda y las presiones fiscales.

Otro argumento en contra de la RBU es que puede no ser la forma más eficaz de combatir la pobreza y la desigualdad. En lugar de proporcionar una renta básica para todos, algunos críticos sostienen que es mejor destinar los recursos a programas específicos de lucha contra la pobreza dirigidos a grupos vulnerables como niños, ancianos y personas con discapacidad. Esto permitiría una asignación más eficaz de los recursos y garantizaría que los más necesitados reciban la ayuda adecuada.

Además, preocupa que la aplicación de la RBU pueda provocar presiones irracionalistas, especialmente en sectores como la vivienda y la sanidad, donde la demanda puede superar rápidamente a la oferta si más personas tienen acceso a recursos financieros adicionales. Esto podría provocar subidas de precios y hacer que los bienes y servicios esenciales fueran menos accesibles para quienes no reciben una renta básica.

Por último, algunos críticos sostienen que la RBU puede no abordar adecuadamente las raíces subyacentes de la desigualdad y la injusticia social. Aunque proporciona una red de seguridad económica para todos los ciudadanos, puede que no aborde cuestiones más amplias relacionadas con la distribución desigual de recursos y oportunidades. Esto podría perpetuar los sistemas de opresión y marginación que siguen perjudicando a los grupos históricamente desfavorecidos de la sociedad.

Dados estos argumentos en contra de la implantación de la renta básica universal, está claro que el debate en torno a esta política compleja y polifacética debe ser cuidadoso e informado. Aunque la RBU puede ofrecer beneficios significativos en términos de seguridad económica e igualdad de oportunidades, es crucial abordar estas preocupaciones y desafíos de forma holística para garantizar que cualquier política adoptada como parte de un nuevo contrato social sea realmente eficaz y sostenible a largo plazo.

La integración efectiva de políticas como la renta básica universal (RBU) y la garantía del empleo en un nuevo contrato social requiere un enfoque global y holístico. En lugar de verlas como enfoques contrapuestos, debemos reconocer cómo estas políticas pueden complementarse y reforzarse mutuamente la seguridad económica y el bienestar de los ciudadanos.

Integrando la RBU y la garantía de empleo, podemos crear un sistema de seguridad económica que aborde diversas necesidades y circunstancias individuales. Por ejemplo, la RBU puede proporcionar una red de seguridad para todos los ciudadanos, garantizando un nivel mínimo de ingresos para cubrir las necesidades básicas, independientemente del empleo o de la situación financiera. Esto proporciona estabilidad y autonomía financiera a los individuos, permitiéndoles buscar oportunidades de empleo significativas o dedicarse al voluntariado y a actividades creativas.

Por otro lado, las garantías de empleo pueden satisfacer las necesidades específicas de quienes desean trabajar, proporcionando puestos de trabajo significativos y socialmente útiles a quienes están desempleados o subempleados. Estos empleos pueden crearse en sectores como las infraestructuras, la educación, la sanidad y los servicios comunitarios, satisfaciendo las necesidades reales de la sociedad y proporcionando al mismo tiempo una fuente de ingresos estable y digna a los trabajadores.

Además, al integrar la RBU y las garantías de empleo, podemos abordar las lagunas y deficiencias de cada política por separado. Por ejemplo, mientras que la RBU proporciona una red de seguridad económica a todos los ciudadanos, independientemente de su empleo, la garantía de empleo ofrece una fuente de ingresos estable y digna a quienes desean trabajar. Combinando estos enfoques, podemos garantizar que nadie se quede atrás y que todos tengan acceso a oportunidades económicas significativas y sostenibles.

Además, la integración de políticas como la RBU y la garantía de empleo puede crear sinergias que promuevan un desarrollo económico más amplio e inclusivo. Por ejemplo, al proporcionar una red de seguridad económica para todos los ciudadanos, la RBU puede estimular la demanda agregada e impulsar el crecimiento económico. Mientras tanto, garantizar el empleo puede crear puestos de trabajo que satisfagan las necesidades de la comunidad, promoviendo la inversión en infraestructuras, servicios públicos y proyectos sociales.

Sin embargo, es importante reconocer que la integración de políticas como la RBU y la garantía del empleo no es una solución única para los retos económicos y sociales a los que nos enfrentamos. Estas políticas deben complementarse con inversiones en educación, formación y desarrollo de capacidades, así como con esfuerzos para abordar las causas subyacentes de la desigualdad y la exclusión social. Adoptando un enfoque global y holístico, podemos construir un nuevo contrato social que promueva la seguridad económica, la igualdad de oportunidades y el bienestar de todos los miembros de la sociedad.

Además de las políticas de seguridad económica, es crucial invertir en educación y formación permanentes para preparar a los trabajadores para los retos de la economía de la inteligencia artificial. Esto incluye programas de formación en competencias técnicas y socioemocionales, así como el desarrollo del pensamiento crítico y la capacidad de adaptación. Al capacitar a los individuos para adaptarse al cambio tecnológico, podemos fomentar una sociedad más resistente e innovadora.

Un nuevo contrato social también debe abordar las raíces más profundas de la desigualdad estructural, que a menudo se ven exacerbadas por la automatización y el auge de la IA. Esto requiere políticas destinadas a reducir las disparidades en los ingresos y el acceso a las oportunidades, como el aumento del salario mínimo, la aplicación de impuestos progresivos sobre el patrimonio y la garantía de un acceso equitativo a la educación y los servicios sanitarios. Si abordamos estas cuestiones fundamentales, podremos crear una sociedad más justa e inclusiva para todos.

Además del Estado, tanto la sociedad civil como el sector privado desempeñan un papel crucial en la construcción de un nuevo contrato social que promueva la seguridad laboral y la protección de los trabajadores frente al auge de la IA. Las organizaciones de la sociedad civil desempeñan un papel clave a la hora de defender los derechos de los trabajadores y garantizar que las políticas gubernamentales reflejan las necesidades y preocupaciones de la comunidad. Puede tratarse de grupos de defensa de los trabajadores, sindicatos, organizaciones sin ánimo de lucro y grupos de investigación que trabajan para promover políticas progresistas e integradoras.

A su vez, las organizaciones de la sociedad civil desempeñan un papel importante en la prestación de servicios de apoyo a los trabajadores afectados por la automatización y otros cambios tecnológicos. Esto puede incluir programas de formación y educación, servicios de asesoramiento profesional, redes de apoyo a los desempleados e iniciativas para promover la inclusión digital y la alfabetización tecnológica. Al colaborar con el gobierno y otras partes interesadas, las organizaciones de la sociedad civil pueden desempeñar un papel vital en la construcción de una red de seguridad social sólida y resistente para todos los miembros de la sociedad.

El sector privado también tiene un importante papel que desempeñar en la promoción de un nuevo contrato social que dé prioridad a la seguridad laboral y al bienestar de los trabajadores. Las empresas pueden adoptar prácticas de empleo responsables, como salarios justos, prestaciones completas y oportunidades de desarrollo profesional, para garantizar que sus empleados sean tratados con dignidad y respeto. Además, las empresas pueden invertir en programas de formación y educación para ayudar a los trabajadores a desarrollar las capacidades que necesitan para tener éxito en un mercado laboral en constante evolución.

Al hacerlo, las empresas pueden colaborar con el gobierno, la sociedad civil y otras partes interesadas para desarrollar soluciones innovadoras a los retos del futuro del trabajo en la era de la IA. Esto puede incluir asociaciones público-privadas para apoyar el desarrollo de tecnologías emergentes, inversiones en investigación y desarrollo en áreas clave e iniciativas para promover la inclusión digital y la alfabetización tecnológica entre los trabajadores. Trabajando juntos, el sector privado puede desempeñar un papel vital en la construcción de una economía más justa, inclusiva y sostenible para todos.

Así pues, tanto la sociedad civil como el sector privado tienen un papel crucial que desempeñar en la construcción de un nuevo contrato social que promueva la seguridad laboral y la protección de los trabajadores ante el auge de la IA. Colaborando con el gobierno y otras partes interesadas, estos actores pueden ayudar a desarrollar políticas y programas que garanticen a todos los miembros de la sociedad el acceso a oportunidades de empleo significativas y a la prosperidad económica en un mundo cada vez más automatizado y digitalizado.

Aplicación y control:

La aplicación efectiva de un nuevo contrato social requerirá no sólo voluntad política, sino también sistemas sólidos de aplicación y supervisión. Los gobiernos deben desarrollar políticas y mecanismos de financiación claros para garantizar que las iniciativas propuestas sean viables y sostenibles a largo plazo. Esto puede implicar la asignación de recursos adecuados a programas como la renta básica universal y la garantía de empleo, así como la coordinación con otros organismos gubernamentales y las partes interesadas pertinentes.

Además, es crucial establecer sistemas de supervisión y evaluación para hacer un seguimiento del impacto de las políticas y realizar los ajustes necesarios. Esto puede incluir la recopilación de datos sobre indicadores clave como las tasas de empleo, la desigualdad de ingresos y el bienestar general de la población. Los resultados de estas evaluaciones pueden utilizarse para fundamentar futuras decisiones políticas y garantizar que los programas se adapten a las necesidades y circunstancias cambiantes.

Es importante subrayar que el seguimiento no debe limitarse únicamente a medidas cuantitativas, sino que también debe tener en cuenta aspectos cualitativos, como el impacto de las políticas en la calidad de vida de las personas y la cohesión social. Esto puede implicar la realización de encuestas y consultas públicas para comprender las percepciones y experiencias de los beneficiarios de los programas, así como las reacciones de las partes interesadas externas, como las organizaciones de la sociedad civil y los expertos en políticas públicas.

Aplicando y supervisando cuidadosamente las políticas propuestas, podemos garantizar que nuestro nuevo contrato social sea eficaz y equitativo, promoviendo la seguridad económica y el bienestar de todos los miembros de la sociedad. Para ello es necesario un compromiso permanente con la transparencia, la rendición de cuentas y la participación pública, garantizando que las políticas se basen en pruebas y sean sensibles a las necesidades y aspiraciones de las personas a las que deben servir.

Mientras exploramos las complejidades del nuevo contrato social en la era de la Inteligencia Artificial (IA), es imperativo reconocer que nos enfrentamos a un momento de transformación y oportunidad. Las políticas propuestas, como la renta básica universal y la garantía de empleo, representan enfoques innovadores para afrontar los retos de un mercado laboral en rápida evolución, al tiempo que promueven la equidad y la inclusión en nuestra sociedad.

Sin embargo, el éxito de estas políticas dependerá no sólo de su aplicación efectiva, sino también de un compromiso continuo con los valores fundamentales de justicia, igualdad y dignidad humana. Debemos reconocer que la automatización y la IA no son meras herramientas neutrales; tienen el potencial de moldear profundamente las estructuras de poder y las relaciones laborales en nuestra sociedad. Por lo tanto, es esencial que adoptemos un enfoque ético y reflexivo a la hora de abordar estas tecnologías, garantizando que se utilicen para promover el bienestar de todos los miembros de la comunidad mundial.

Además, debemos estar preparados para afrontar retos y obstáculos en el camino. Aplicar políticas progresistas como la renta básica universal y el empleo garantizado exigirá la colaboración y el compromiso de todas las partes interesadas, incluidos los gobiernos, la sociedad civil y el sector privado. Debemos estar dispuestos a superar las diferencias políticas e ideológicas en favor de un objetivo común: crear un futuro en el que todos tengan la oportunidad de prosperar y contribuir al bienestar colectivo.

Al hacerlo, podemos construir un futuro de posibilidades ilimitadas, en el que la tecnología se utilice para promover la justicia social, la igualdad de oportunidades y el progreso humano. Con visión, valentía y colaboración, podemos crear un nuevo contrato social que sea verdaderamente integrador y sostenible, que capacite a todos los miembros de la sociedad para alcanzar su pleno potencial y crear un mundo mejor para las generaciones futuras. Este es el reto y la oportunidad que tenemos ante nosotros, y con determinación y esperanza avanzamos hacia este futuro prometedor.

Es fundamental reflexionar sobre el papel crucial que desempeña un nuevo contrato social a la hora de garantizar la seguridad laboral y proporcionar un apoyo adecuado ante los cambios impulsados por la Inteligencia Artificial (IA). En este contexto, políticas como la renta básica universal y la garantía del empleo surgen como poderosas herramientas para abordar los retos de un mercado laboral en rápida evolución, al tiempo que promueven la justicia social y la inclusión en nuestra sociedad.

Sin embargo, la aplicación de estas políticas no será fácil y requerirá el compromiso, la cooperación y una visión compartida de todas las partes interesadas, incluidos los gobiernos, la sociedad civil y el sector privado. Debemos estar preparados para afrontar los retos y obstáculos del camino, pero también reconocer las oportunidades y ventajas de adoptar un enfoque más progresista y orientado al futuro del mercado laboral y la protección social.

Al hacerlo, podemos construir un futuro en el que todos los miembros de la sociedad tengan la oportunidad de prosperar y contribuir al bienestar colectivo. Este es el reto y la oportunidad que tenemos ante nosotros, y es con determinación y solidaridad como avanzamos hacia este futuro prometedor. Que sigamos trabajando juntos para crear un mundo más justo, inclusivo y sostenible para todos.

CAPÍTULO 11 - LA TRANSICIÓN DEL TRABAJO EN LA ERA DE LA IA

Al final de este libro, podemos enumerar la información más importante aquí contenida, a la luz de la revolución provocada por la introducción de la Inteligencia Artificial. El hecho es que, desde los albores de la humanidad, las técnicas utilizadas por los pueblos, ya sean rudimentarias o elaboradas, han dado forma a las civilizaciones. Esta explicación, aunque sencilla, puede ser uno de los factores más importantes para explicar la historia, ya que el modo de producción condiciona el proceso evolutivo humano.

Pensemos en todos los grandes saltos de inteligencia que ha dado la humanidad: desde la primera utilización de las plantas hace millones de años, pasando por la domesticación de los animales que comenzó hace unos 20.000 años, hasta la invención de la agricultura hace unos 5.000 años, todo lo cual ha conducido al momento que vivimos hoy.

Sin embargo, quizá el proceso más importante sea el que se describe en el primer capítulo de este libro: la Revolución Industrial del siglo XVIII, que tuvo lugar principalmente en Inglaterra y marcó un punto de inflexión crucial en la historia de la humanidad, causando inmensos trastornos sociales, económicos y tecnológicos en una época que se caracterizó por la aparición de nuevas máquinas y procesos de producción, provocando la mecanización y la aparición de industrias y cambiando fundamentalmente la forma en que empleamos nuestro trabajo hasta nuestros días. En este sentido, se considera industria todo esfuerzo por ayudar o sustituir al trabajo humano, desde el más simple hasta el más elaborado.

El impacto de estas innovaciones no tuvo precedentes en la historia de la humanidad, afectando incluso a otros segmentos productivos de la industria. Y es que, aunque el vapor, como elemento energético, ya era bien conocido en el trabajo humano, su uso no estaba automatizado.

Comenzaba así un movimiento sin retorno, que cambiaría para siempre la dinámica del comercio y de la producción mundial, así como la vida de todos los seres humanos que han pisado y pisarán esta Tierra.

La Revolución Industrial fue tan importante para el desarrollo de la humanidad tal y como la conocemos hoy en día que fue el primer periodo de la historia en el que se produjo un aumento simultáneo de la población y de la renta per cápita.

Las mejores condiciones impulsadas por este nuevo sistema de producción hicieron que la población de Gran Bretaña pasará de 10 a 40 millones de habitantes en 1800. La población europea, por su parte, pasó de unos 100 millones en 1700 a 400 millones en 1900.

El crecimiento de la industria moderna desde finales del siglo XVIII condujo a una urbanización masiva y a la aparición de nuevas grandes ciudades, primero en Europa y luego en otras regiones, ya que las nuevas oportunidades atrajeron a un gran número de emigrantes de las comunidades rurales a las zonas urbanas. En 1800, sólo el 3% de la población mundial vivía en ciudades, frente a casi el 50% a principios del siglo XXI.

Por supuesto, a pesar de todos los avances logrados, la Revolución Industrial también tuvo una serie de efectos negativos para quienes la presenciaron. Entre ellos: el desempleo generado por las máquinas, la desaparición de ciertos tipos de profesionales para satisfacer las demandas de las fábricas, la migración forzada de la población del campo a las ciudades, así como la creciente contaminación en ciudades ahora conocidas por sus movimientos manufactureros, como Manchester y Liverpool.

Estos efectos, como veremos más adelante, no son exclusivos de la Revolución Industrial. Desde su advenimiento en el siglo XVIII, pasando por la segunda revolución industrial, marcada por la automatización de las industrias, que culminó en la crisis de 1929, hasta la invención del ordenador y su popularización, con la creación de innumerables empresas dedicadas al campo de la tecnología -que acabó culminando en la burbuja de internet de finales de los 90 y principios de los 2000-, siempre que la humanidad pasa por momentos de gran disrupción, estas innovaciones no sólo vienen acompañadas de efectos positivos, ya que también provocan diversos efectos negativos en la vida de quienes las presencian.

Si nos remontamos a la primera Revolución Industrial, vemos que la relación entre la jornada laboral y el trabajo esclavo también se vio muy afectada. Mientras que las nuevas máquinas aumentaban la eficacia de la producción, muchos trabajadores se veían sometidos a jornadas laborales insoportables, a menudo comparables al trabajo esclavo.

Los niños e incluso las mujeres embarazadas eran sometidos a jornadas laborales extremadamente largas, que a menudo superaban las 16 horas ininterrumpidas, seis días a la semana, en situaciones insalubres y peligrosas, con salarios inferiores al nivel de subsistencia.

Aunque, con la Revolución Industrial, la esclavitud disminuyó en muchas partes del mundo durante el siglo XIX -a menudo impuesta por Inglaterra a otros países, reinos y colonias que utilizaban mano de obra esclava en sus plantaciones-, las condiciones de trabajo en las fábricas inglesas se comparaban a menudo con el trabajo esclavo debido a la explotación y el abuso de los trabajadores.

Esto provocó el inicio de las primeras revueltas obreras y, como consecuencia, la redacción de las primeras leyes laborales. En este sentido, la revuelta contra las máquinas tuvo lugar a lo largo de la Primera Revolución Industrial, ya que eran vistas como el enemigo por los trabajadores, pues provocaban que sus salarios disminuyeran cada vez más y que sus condiciones laborales fueran cada vez más precarias.

Más adelante, en el siglo XIX, el ingeniero estadounidense Frederick Taylor (1856-1915) estudió detenidamente los servicios prestados por los trabajadores en las fábricas. Basándose en estos estudios, propuso un nuevo método para las cadenas de producción: en lugar de que un trabajador realizara varias funciones en la producción de bienes, implantó la división del trabajo, en la que cada trabajador realizaría una única tarea repetitiva.

Esto dio lugar a la aparición de las cadenas de montaje, que pueden definirse como sistemas de producción orientados al lujo que se desarrollaron originalmente para la producción industrial de grandes cantidades de productos estandarizados. Como tales, las cadenas de montaje se componen de varios puestos de trabajo de montaje manuales o automatizados, a través de los cuales se ensamblan secuencialmente uno o varios productos.

Como ya se ha mencionado, a pesar de la innovación aportada, la introducción de la cinta transportadora contribuyó en gran medida al debilitamiento y al cambio de las relaciones laborales, con el proceso de descualificación del trabajo, puesto que ya no eran los trabajadores quienes organizaban la producción.

Comenzó así el concepto de producción y consumo en masa, uno de los principales hitos de la Segunda Revolución Industrial, marcada por la automatización y la aparición de la cadena de montaje.

El trabajo industrial, sin embargo, dejó de ser especial, se hizo fragmentario y repetitivo, perdiendo a veces su sentido de actividad de grupo. La planificación de las tareas, antes internalizada, pasa a ser desarrollada por el departamento de producción de la empresa (externalizada), perdiendo los trabajadores la propiedad de la planificación.

En resumen, las cadenas de montaje representaron un hito importante en la historia de la producción industrial que transformó la forma de fabricar, distribuir y consumir productos a escala mundial. Sus efectos siguen sintiéndose hoy en día, incluyendo en la economía, el mercado laboral y la gestión de la producción en todo el mundo.

Estas innovaciones, como se ve en este libro, han sido responsables de innumerables cambios en la dinámica laboral, la creación de empleo e incluso la forma de hacer negocios.

Además, la aparición de los ordenadores marcó el inicio de la Era Digital, también conocida como la "Era de la Información", un periodo que comenzó a mediados del siglo XX con la creación de los primeros prototipos de lo que se convertiría en lo que hoy llamamos ordenadores. La aparición de la era de la información se asocia en gran medida al desarrollo del transistor en 1947 y del amplificador óptico en 1957.

Desde entonces, los ordenadores han adquirido un papel central en nuestras vidas, configurando las relaciones laborales en las oficinas y sustituyendo a menudo el trabajo manual.

Si trazamos una breve cronología de la evolución de los ordenadores, tenemos:

- 1938 - El alemán Konrad Zuse fabrica el primer ordenador electrónico utilizando la teoría binaria.

- 1943 - El inglés Alan Turing construye la primera generación de ordenadores modernos, que utilizan válvulas.

- 1944 - El estadounidense Howard Aiken completa el Mark I, el primer ordenador electromecánico.

- 1946 - Se crea en Estados Unidos el Electronic Numerical Integrator and Computer (Eniac), el primer ordenador electrónico.

- 1947 - Se crea el transistor para sustituir a la válvula, permitiendo máquinas más rápidas.

- 1957 - Salen al mercado los primeros modelos de ordenadores transistorizados.

- 1958 - Creación del chip, un circuito integrado que permite miniaturizar los equipos electrónicos.

- 1969 - Creación de Arpanet, la red de información del Departamento de Defensa estadounidense que conecta universidades y empresas, y que dará origen a Internet.

- 1974 - Intel diseña el microprocesador 8080, que da origen a los microordenadores.

- 1975 - Los estadounidenses Bill Gates y Paul Allen fundan Microsoft.

- 1976 - Lanzamiento del Apple I, el primer microordenador comercial, inventado por Steves Jobs y Steves Woznick.

- 1981 - IBM lanza su microordenador -el PC- con el sistema operativo MS-DOS, desarrollado por Microsoft.

- 1984 - La National Science Foundation de Estados Unidos crea Internet, una red informática mundial que conecta gobiernos, universidades y empresas.

- 1984 - Apple lanza el Macintosh, el primer ordenador del mundo.

- 1985 - Microsoft lanza Windows para PC, que sólo tiene éxito con la versión 3.0 (1990).

- 1993 - Intel lanza el Pentium.

- 1998 - Intel lanza el Pentium II.

- 1999 - Intel lanza el Pentium III

- 2000 ... hasta entonces vemos un desarrollo creciente de la tecnología de transistores regida por la Ley de Moore, que es un principio observado por el cofundador de Intel Gordon

Moore en 1965. Observó que el número de transistores de un circuito integrado denso se duplicaba aproximadamente cada dos años. Esta observación, que pasó a conocerse como Ley de Moore, ha sido fundamental para el desarrollo y la evolución de la tecnología de semiconductores, impulsando avances significativos en ordenadores, dispositivos móviles y una amplia gama de equipos electrónicos.

Aunque la Ley de Moore ha sido una predicción acertada durante varias décadas, en los últimos años los expertos han empezado a ver indicios de que estamos llegando a los límites físicos y económicos de esta tendencia. A medida que los transistores se hacen más y más pequeños, alcanzando escalas de unos pocos nanómetros, se enfrentan a problemas como el efecto cuántico y el aumento de las fugas de corriente. Estos factores hacen difícil seguir reduciendo el tamaño de los transistores sin comprometer su rendimiento y eficiencia energética. La complejidad y el coste de producir chips a escalas ultrapequeñas crecen exponencialmente. Las fábricas de semiconductores de última generación requieren inversiones multimillonarias, lo que puede limitar la viabilidad económica de seguir la Ley de Moore. En respuesta a los retos físicos y económicos, la industria está explorando otras formas de avance tecnológico que no dependan exclusivamente del aumento de la densidad de los transistores.

Esto incluye el desarrollo de nuevos materiales como el grafeno y el bisulfuro de molibdeno, así como arquitecturas de chip innovadoras y el uso creciente de la Inteligencia Artificial para optimizar el diseño de circuitos.

También crece el interés por paradigmas informáticos alternativos, como la computación cuántica y la computación neuromórfica, que prometen superar los límites de la informática tradicional basada en el silicio.

Aunque la Ley de Moore, tal y como se observó en un principio, se enfrenta a importantes limitaciones, esto no significa el fin del progreso tecnológico. Al contrario, está provocando una diversificación de los enfoques para aumentar la capacidad y la eficiencia de la computación. Puede que el futuro de la tecnología de semiconductores no siga el ritmo exacto predicho por Moore, pero es probable que siga evolucionando gracias a las innovaciones en diversos campos de la ciencia y la ingeniería.

Así, desde las funciones administrativas de bancos o industrias hasta el procesamiento de datos en bruto obtenidos a través de la informática, la Era Digital, también conocida como la Tercera Revolución Industrial, marcó la modernización de la industria tal y como la conocemos hoy.

La burbuja de Internet, a pesar de poner fin a una enorme lista de empresas que se beneficiaron de la rápida expansión y el interés masivo en el mercado tecnológico, permitió a empresas como Google y Amazon dominar el mercado tecnológico, invirtiendo cada vez más en la automatización y el desarrollo de un nuevo tipo de tecnología disruptiva que se convirtió en Inteligencia Artificial.

Es imposible hablar de IA y no mencionar a una compañía que, sin duda, tiene una importancia capital para su desarrollo. NVIDIA desempeña un papel crucial en el desarrollo de

la Inteligencia Artificial, ya que no sólo proporciona hardware potente como las GPU y los sistemas DGX, sino también software esencial, incluida la plataforma CUDA y librerías como cuDNN y TensorRT. Además, la compañía fomenta la innovación a través de colaboraciones estratégicas con el mundo académico y la industria, inversiones en start-ups de IA y la oferta de recursos educativos a través del NVIDIA Deep Learning Institute. Este enfoque integrado permite a NVIDIA liderar el avance de la tecnología de IA en beneficio de diversos sectores de todo el mundo. En los últimos diez años, las acciones de NVIDIA han experimentado un crecimiento impresionante, con una revalorización de alrededor del 17.044%. Esto significa que una inversión de 10.000 USD en NVIDIA hace diez años se habría convertido en unos 1,7 millones de USD. Este extraordinario incremento refleja el importante impacto de la compañía y su éxito continuado en el campo de la tecnología y la inteligencia artificial.

El dominio de estas empresas también ha permitido la remodelación de diversas industrias, creando nuevas categorías de empleos, así como la externalización de muchos puestos de trabajo y el cambio de las relaciones laborales, en fenómenos que pueden describirse como externalización y un término hasta ahora desconocido: la gig economy.

Con el desarrollo de redes de comunicación cada vez más rápidas y eficientes, especialmente debido a la proliferación de internet, se ha hecho posible el acceso instantáneo a cualquier parte del globo, lo que ha contribuido al desarrollo del comercio internacional, al crecimiento del número de empresas multinacionales que pueden ser controladas a través de ordenadores desde cualquier parte del planeta, a la circulación de capitales que ahora puede realizarse incluso mediante smartphones, así como a la comunicación de masas, en la que las personas también pueden comunicarse instantáneamente y proporcionar noticias e información en tiempo real.

También han surgido nuevas posibilidades laborales y empresariales como resultado de las tecnologías, con repercusiones para trabajadores, clientes, proveedores y socios de todas las organizaciones, ya sean públicas o privadas.

La transformación digital ha ampliado las oportunidades de participación en la economía global, y ha cambiado la lógica aplicada anteriormente a los negocios, como la de las empresas tradicionales, que, por ejemplo, buscan la ventaja competitiva en la mano de obra abundante y barata, y han perdido terreno frente a los competidores que invierten en tecnología e innovación.

De este modo, la *Gig Economy* puede situarse al mismo nivel que los avances tecnológicos y de productividad logrados durante las Revoluciones Industriales. El espíritu empresarial informal que caracteriza a la *Gig Economy* se está convirtiendo cada vez más en una realidad en el mundo laboral.

Podrá comprobarlo a lo largo de este libro, desde la Revolución Industrial descrita en el primer capítulo, pasando por la Era de la Automatización, hasta la Era Digital, la relación entre los trabajadores y la tecnología y los avances es una vía de doble sentido. Ganamos mucho en productividad con cada nuevo paso que damos, pero a veces perdemos en términos de derechos y autonomía de los trabajadores. Por tanto, es necesario un sistema de "pesos y contrapesos" para equilibrar estas relaciones.

Por último, hay que señalar que todo esto sólo es posible gracias a Internet y a la globalización, que han desempeñado un papel fundamental a la hora de revolucionar la forma en que las personas se conectan, se comunican y hacen negocios a escala mundial, repercutiendo profundamente en la economía, la cultura y la sociedad en general.

En cuanto al papel de la Inteligencia Artificial, puede decirse que es un área de la informática cuya función es crear sistemas que puedan realizar tareas que harían los seres humanos.

También hay que destacar que no existe una definición académica clara de lo que es la Inteligencia Artificial. Se trata, de hecho, de una rama de la ingeniería informática cuyo objetivo es desarrollar sistemas informáticos capaces de resolver problemas, utilizando para ello un gran número de técnicas y modelos. La IA, por tanto, pretende desarrollar sistemas para llevar a cabo tareas que en la actualidad realizan mejor los humanos que las máquinas, o que no tienen una solución algorítmica viable mediante la informática tradicional.

Así pues, las aplicaciones de la Inteligencia Artificial pueden resumirse del siguiente modo:

- *Sistema experto*: es una forma de sistema basado en el conocimiento especialmente diseñado para emular la experiencia humana en un dominio específico. Este sistema se construye sobre una base de conocimientos compuesta por hechos, reglas y heurísticas sobre el dominio, al igual que lo haría un experto humano, y debe ser capaz de ofrecer sugerencias y consejos a los usuarios y también de adquirir nuevos conocimientos y heurísticas a través de esta interacción.

- *Robótica*: los robots son agentes físicos que realizan tareas manipulando el mundo físico. Para ello están equipados con efectores como patas, ruedas, articulaciones y garras. También están equipados con diversos sensores que les permiten percibir el entorno: cámaras, ultrasonidos, giroscopios, acelerómetros.

- *Sistemas visuales*: los sistemas visuales incluyen hardware y software que permiten a los ordenadores capturar, almacenar y manipular imágenes visuales. Además, son capaces de reconocer rasgos faciales.

- *Procesamiento del lenguaje natural*: permite al ordenador reconocer órdenes vocales en lenguaje natural. Hay tres niveles de reconocimiento: comandos (reconoce de decenas a cientos de palabras), discreto (reconoce el habla dictada y el habla con pausas entre palabras) y continuó (reconoce el habla natural). Este procesamiento del lenguaje natural puede utilizarse para recuperar información sin necesidad de teclear comandos o buscar palabras clave. Puedes hablar por un micrófono conectado al ordenador y éste convierte el habla en archivos de texto o comandos. Los sistemas más sencillos pueden asociar una palabra tecleada a otra pronunciada por el micrófono; los más avanzados no necesitan grabar las palabras.

Como ya se ha mencionado, en los últimos años se ha producido un crecimiento acelerado de la IA en nuestra vida cotidiana. Pero, ¿por qué ha crecido tanto la IA? Una de las principales razones de este crecimiento, si no la principal, es el rápido desarrollo de nuevas tecnologías para extraer, almacenar, transmitir y procesar datos.

Desarrollada tras la Segunda Guerra Mundial, en la actualidad abarca una enorme variedad de subcampos, desde áreas de propósito general como el aprendizaje y la percepción hasta tareas específicas como jugar al ajedrez, demostrar teoremas matemáticos, crear poesía y diagnosticar enfermedades. La Inteligencia Artificial sistematiza y automatiza tareas intelectuales y, por tanto, es potencialmente relevante para cualquier esfera de la actividad intelectual humana. En este sentido, es un campo universal.

Uno de los temores asociados es cómo afectará la IA al mercado laboral. Diversos estudios muestran que las actividades profesionales desaparecerán, siendo sustituidas por actividades hasta ahora desconocidas o inimaginables. A menudo se publican listas de las profesiones con más probabilidades de desaparecer en el futuro.

Según un informe del Foro Económico Mundial publicado en 2023, llamado *"The Future of Jobs Report 2023"*, los que trabajan en la venta de entradas serán una de las profesiones más afectadas en los próximos cinco años.

Además, el informe muestra que más del 75% de las empresas esperan adoptar tecnologías de Inteligencia Artificial en los próximos cinco años como forma de reducir costes y aumentar la eficiencia. Los empleos de más rápido crecimiento en relación con su tamaño en la actualidad están impulsados por la tecnología, la digitalización, la IA y el aprendizaje automático. Los especialistas encabezan la lista de empleos de rápido crecimiento, seguidos de los especialistas en Inteligencia y Seguridad de la Información, analistas. Las funciones que disminuyen más rápidamente en relación con su tamaño son las administrativas o de secretaría, como cajeros de banco y empleados afines, así como carteros y vendedores de billetes.

Aunque la Inteligencia Artificial promete aportar una serie de beneficios significativos, hay una serie de retos complejos que deben abordarse para garantizar que se desarrolle y utilice de forma ética, transparente y responsable. Estos retos requieren un enfoque multidisciplinar y colaborativo, en el que participen no sólo informáticos, sino también expertos en ética, derecho y sociología, entre otros ámbitos.

En este sentido, la puesta en marcha de programas de reciclaje y mejora de las cualificaciones para adaptarse a las demandas siempre cambiantes de la mano de obra es crucial en un mundo en el que la tecnología y los cambios económicos remodelan constantemente el panorama profesional. La capacidad de aprender a lo largo de la vida y de participar en iniciativas de actualización de competencias se ha convertido en algo esencial para que los trabajadores mantengan su relevancia y empleabilidad en un mercado laboral en constante evolución.

Esto se debe a que, con el avance de la Inteligencia Artificial, toda una serie de empleos y puestos de trabajo se ven amenazados por una automatización constante. Según el Fondo Monetario Internacional (FMI), casi el 40% de los empleos del mundo se verán afectados por el avance de la IA, que sustituirá a algunos y complementará a otros.

En un estudio realizado por el Fondo Monetario Internacional, los autores analizan el potencial de la IA para remodelar la economía mundial, especialmente en lo que respecta a los mercados laborales. Así, las economías más avanzadas experimentarán las ventajas y los inconvenientes de la IA antes que los mercados emergentes y las economías en desarrollo, debido en gran medida a su estructura de empleo centrada en funciones cognitivas intensivas.

El estudio encontró algunos patrones consistentes con respecto a la exposición a la IA, con las mujeres y las personas con educación universitaria más expuestas, pero también mejor preparadas para cosechar los beneficios de la IA, y los trabajadores de más edad potencialmente menos capaces de adaptarse a la nueva tecnología.

La desigualdad de ingresos podría aumentar si la complementariedad entre la IA y los trabajadores de altos ingresos es fuerte, mientras que los rendimientos del capital aumentan la desigualdad de riqueza.

Sin embargo, según los autores, si las ganancias de productividad son lo suficientemente grandes, los niveles de renta podrían aumentar para la mayoría de los trabajadores.

En este escenario en evolución, las economías avanzadas y los mercados emergentes más desarrollados deben centrarse en actualizar los marcos normativos y apoyar la reasignación de la mano de obra, salvaguardando al mismo tiempo a quienes se vean afectados negativamente.

La interpretación de datos, el aprendizaje automático, el pensamiento crítico y la resolución de problemas, la creatividad, las habilidades sociales y emocionales, el liderazgo y la gestión de equipos, el conocimiento de la ética y la seguridad de la información, el aprendizaje continuo y la curiosidad intelectual y las habilidades de comunicación digital son puntos que serán importantes para que los trabajadores puedan mantener sus puestos de trabajo con el auge de la IA.

Lo cierto es que el mundo de la automatización ha dado un salto de gigante con la reciente introducción de herramientas de IA generativa. El término "generativa" se refiere al hecho de que estas herramientas pueden identificar patrones en enormes conjuntos de datos y generar nuevos contenidos, una capacidad que a menudo se ha considerado exclusivamente humana. Su avance más notable se produce en las capacidades de lenguaje natural, necesarias para un gran número de actividades laborales.

Es esencial, a medida que evoluciona la IA, que los gobiernos desempeñen un papel activo de apoyo a las empresas en la evolución tecnológica mundial. En este sentido, los gobiernos pueden poner a disposición recursos financieros, como subvenciones, préstamos e incentivos fiscales, para apoyar a las empresas en la adopción de tecnologías innovadoras, al tiempo que dan prioridad a los trabajadores, combinando el desarrollo con la ética laboral. Esto puede ayudar a las empresas a superar los costes iniciales asociados a la implantación de nuevas tecnologías y acelerar el proceso de innovación, así como colaborar con el sector privado a través de asociaciones público-privadas para promover la innovación tecnológica.

A medida que la automatización y la Inteligencia Artificial continúan transformando el mercado laboral mundial, existe una necesidad crítica de un enfoque equilibrado que proteja a los trabajadores sin inhibir la innovación. Los conceptos jurídicos universales y los ejemplos concretos de legislación que pretenden ofrecer esta protección en un mundo cada vez más automatizado pueden ser un buen punto de partida.

Conceptos jurídicos universales para la protección de los trabajadores:

- *Derecho a la Recualificación y a la Formación Continua:*

Subraya la importancia de políticas que garanticen a los trabajadores el acceso a programas de formación y recualificación que les permitan adaptarse a las nuevas exigencias del mercado laboral.

- *Participación en los beneficios y gestión:* Aborda la idea de que los trabajadores deben beneficiarse directamente de las ganancias de eficiencia y rentabilidad que conlleva la automatización, posiblemente a través de modelos de participación en los beneficios o de representación en las decisiones de gestión.

- *Garantías de empleo y protección contra despidos arbitrarios:* aborda las salvaguardias legales que impiden los despidos injustificados derivados de la automatización, incluidos los plazos de preaviso, las indemnizaciones y las limitaciones de las condiciones en que los trabajadores pueden ser sustituidos por máquinas.

Ejemplos de leyes específicas:

- *Iniciativa alemana "Trabajo 4.0":* Un planteamiento gubernamental que pretende armonizar los avances tecnológicos con la seguridad laboral, incluyendo debates sobre horarios flexibles, formación continua y derecho de los trabajadores a desconectar.

• *Ley francesa sobre el derecho a la desconexión:* una legislación pionera que ofrece a los trabajadores el derecho a desconectar del trabajo fuera del horario laboral, abordando los retos de la conciliación de la vida laboral y familiar en la era digital.

• *Políticas de participación en los beneficios en Brasil:* Ejemplos de cómo se incentiva a las empresas brasileñas a compartir los beneficios con sus trabajadores, promoviendo una distribución más equitativa de la riqueza generada por la automatización y otras formas de innovación.

Estrategias clave para los gobiernos:

• *Desarrollar políticas flexibles:* Los gobiernos deben esforzarse por crear políticas que sean a la vez sólidas y flexibles, capaces de adaptarse a los cambios tecnológicos. Esto incluye leyes laborales que puedan evolucionar con el mercado de trabajo, sistemas educativos que preparen a los ciudadanos para una variedad de carreras futuras e infraestructuras de apoyo social que puedan ajustarse según sea necesario.

• *Incentivos para la reconversión profesional y la formación continua:* Para garantizar que la mano de obra pueda moverse entre sectores y profesiones, es esencial realizar inversiones sustanciales en programas de educación y formación. Esto no sólo ayuda a mitigar el desempleo, sino que también garantiza que los trabajadores puedan hacer una contribución significativa a la economía en evolución.

• *Aplicar impuestos específicos para financiar programas sociales:* Un planteamiento innovador consiste en crear impuestos dirigidos a las empresas que se benefician más directamente de la automatización. Estos fondos se utilizarían para financiar programas de renta básica universal u otras formas de asistencia social, contribuyendo a paliar la desigualdad y a promover la cohesión social.

• *Fomento de las asociaciones público-privadas:* Fomentar la colaboración entre el sector público y las empresas privadas puede acelerar el desarrollo de soluciones tecnológicas que beneficien a la sociedad, garantizando al mismo tiempo que la innovación no se produzca a expensas de los trabajadores.

Ejemplos mundiales de preparación gubernamental:

• *Singapur:* Con su programa SkillsFuture, Singapur ofrece a los ciudadanos créditos que pueden utilizar para cursos de educación y formación permanente, fomentando el desarrollo continuo de las capacidades de su mano de obra.

● *Canadá:* A través de la Beca de Empleo de Canadá, el Gobierno ofrece subvenciones a las empresas que invierten en la formación y el reciclaje de sus empleados, haciendo hincapié en el compromiso de mantener la empleabilidad de los trabajadores.

● *Finlandia:* Uno de los primeros países en poner a prueba un programa de renta básica universal, Finlandia ha investigado cómo una renta de este tipo puede ofrecer seguridad financiera a los ciudadanos al tiempo que fomenta la participación en el mercado laboral y el espíritu empresarial.

La transición a una economía altamente automatizada no tiene por qué ser un camino hacia la desigualdad y el desempleo masivo. Con estrategias cuidadosamente planificadas, es posible crear un futuro que beneficie tanto a la sociedad como a la economía.

Estrategias para una transición justa:

● *Educación continua y reciclaje profesional:* La educación no debe terminar en la juventud; debe ser un viaje continuo a lo largo de toda la vida. Los gobiernos, en colaboración con las instituciones educativas y las empresas, deben facilitar el acceso a programas de reciclaje que permitan a los trabajadores adaptarse a las nuevas demandas del mercado.

● *Fomentar el espíritu empresarial y la innovación social:* Además de adaptarse a los cambios, es esencial fomentar la creación de nuevas oportunidades. Apoyar el espíritu empresarial, especialmente en ámbitos que puedan generar empleos sostenibles e innovación social, es esencial para una economía dinámica e integradora.

● *Participación de los trabajadores en las decisiones económicas:* Los trabajadores deben tener una voz activa en las decisiones que afectan a su futuro. Esto puede lograrse mediante consejos de trabajadores en las empresas, participación en las políticas públicas y asociaciones sindicales fuertes.

● *Sistemas de Seguridad Social adaptables:* Los sistemas de protección social deben ser lo suficientemente flexibles como para ofrecer apoyo durante las transiciones profesionales, los periodos de desempleo y la jubilación. Programas como la renta básica universal pueden desempeñar un papel vital para garantizar que nadie se quede atrás.

La clave para una transición social justa es la colaboración entre todos los sectores de la sociedad. Empresas, gobiernos, instituciones educativas y organizaciones de la sociedad civil deben trabajar juntos para crear un ecosistema que favorezca la adaptación y el crecimiento continuo.

Los gobiernos deben marcar el camino con políticas innovadoras y ayudas económicas para programas de educación y reciclaje.

Las empresas tienen la responsabilidad de invertir en el desarrollo de sus empleados y crear un entorno laboral justo.

Las instituciones educativas deben adaptar sus planes de estudios para preparar a los estudiantes para un mercado laboral en constante evolución.

Las organizaciones de la sociedad civil pueden ofrecer apoyo adicional representando los intereses de los trabajadores y promoviendo iniciativas de desarrollo comunitario.

Por lo tanto, es imperativo que adoptemos un enfoque proactivo para garantizar la seguridad del empleo y prestar apoyo a los trabajadores afectados por la automatización impulsada por la IA. A medida que la Inteligencia Artificial sigue transformando rápidamente el mundo laboral, surge un acalorado debate sobre el impacto de la automatización en el empleo humano. Sin embargo, es crucial reconocer que la IA no debe verse como una amenaza para el trabajo humano, sino como una oportunidad para redefinir el concepto de trabajo en la era digital.

Mientras la automatización se hace cargo de tareas repetitivas y predecibles, los humanos pueden liberarse para centrarse en actividades que requieren creatividad, empatía, pensamiento crítico y habilidades interpersonales, aspectos intrínsecamente humanos que las máquinas aún no pueden reproducir. En lugar de competir con las máquinas, los humanos pueden colaborar con ellas, aprovechando el poder de la IA para aumentar su propia productividad y capacidad de innovación.

La automatización presenta retos, pero también una oportunidad única para repensar y reconstruir nuestras estructuras sociales y económicas de una manera más justa e inclusiva. Juntos, podemos dar forma a un futuro que refleje nuestros valores más elevados y nuestras aspiraciones comunes.

Por tanto, vemos un futuro en el que los humanos y las máquinas colaboran armoniosamente para alcanzar objetivos compartidos. En este escenario, las máquinas se convierten en aliadas, no en sustitutas, de los trabajadores humanos, complementando sus habilidades y permitiéndoles realizar tareas de forma más eficiente y eficaz. Esta colaboración puede aumentar la productividad, la creatividad y el bienestar en el lugar de trabajo, preservando al mismo tiempo la dignidad y la finalidad del trabajo humano. A medida que avanzamos hacia un futuro marcado por la automatización, nos enfrentamos a importantes decisiones sobre el tipo de sociedad que queremos crear. Este libro trata de iluminar las formas en que podemos navegar por estos cambios, dando prioridad a la justicia social, la protección de los trabajadores y la innovación responsable. Para ello, terminamos nuestro libro con una clara sugerencia de un posible modelo de transición.

Potencial modelo de transición

Legislación de Protección de los trabajadores

Objetivo: Crear un marco legal que proteja los puestos de trabajo y a los trabajadores a medida que las empresas integran más tecnologías de IA.

• Aplicación de cuotas de automatización: Establecer límites legales para el porcentaje de automatización por sector, garantizando que una parte significativa del trabajo siga siendo humano.

• Derecho a la recualificación: Legislar para que las empresas ofrezcan programas de formación y recualificación a los trabajadores cuyos puestos de trabajo se vean afectados por la IA.

• Notificación ampliada: Exigir a las empresas que notifiquen con antelación a los trabajadores los cambios significativos en el entorno laboral debidos a la IA, lo que permitirá una mejor preparación y adaptación.

Preparación Gubernamental

Objetivo: Permitir a los gobiernos gestionar los cambios económicos y sociales provocados por la automatización.

• Impuestos sobre la IA: Introducir impuestos sobre el uso de la IA en las empresas, basados en criterios como la reducción de costes y el aumento de la eficiencia que proporciona la tecnología.

• Fondo de transición a la RBU: Crear un fondo específico con los ingresos de estos impuestos para financiar la implantación de la renta básica universal.

• Estudios de impacto: Realizar estudios periódicos para evaluar el impacto de la IA en el mercado laboral y ajustar las políticas en caso necesario.

Implantación de la Renta Básica Universal

Objetivo: Proporcionar una red de seguridad financiera universal que proteja a los individuos frente a las incertidumbres provocadas por la IA.

- Modelo de financiación: Definir claramente cómo se utilizarán los recursos del fondo de transición para financiar la RBU.

- Criterios de elegibilidad y distribución: Establecer criterios justos y transparentes para la elegibilidad a la RBU, asegurando que todos los ciudadanos puedan beneficiarse por igual.

- Evaluación y ajustes: Supervisar la eficacia de la RBU y realizar ajustes basados en datos para satisfacer mejor las necesidades de la población.

Conclusión

La adopción de sistemas de IA por parte de las empresas representa una doble cara: eficiencia y economía, por un lado, y potenciales retos socioeconómicos, por otro. La legislación propuesta en este modelo de transición pretende equilibrar estas fuerzas, garantizando la protección de los trabajadores y preparando a la sociedad para profundos cambios estructurales. El principal objetivo de este modelo es lograr un movimiento en el que la sociedad y el Estado tengan tiempo de amoldarse a esta nueva realidad sin los meandros teóricos polarizados del pasado.

Es crucial que este debate trascienda los círculos gubernamentales y académicos y se extienda a la sociedad en general. Le invito a usted, lector, a debatir estas ideas en su círculo social y política. Tu voz y tu acción son fundamentales para forjar un futuro en el que la tecnología y la humanidad puedan coexistir de forma equilibrada y justa.

La transformación es inevitable, pero la dirección que tome depende de nuestro compromiso y nuestras decisiones de hoy.

REFERENCIAS

BIBLIOGRÁFICAS

1. MEDONÇAM,etal.INTELIGÊNCIAARTIFICIAL,FUNDAMENTOS, CONCEITOS,APLICAÇÕESE TENDÊNCIAS.Ciência,TecnologiaeInovação: Experiências, Desaños e Perspectivas, 2023.

2. Oliveira JR, Garcia RR. Cinesioterapia no tratamento da incontinência urinária em mulheres idosas. Rev Bras Geriatr Ger ontol, v. 14, p. 343-51, 2011.

3. PINHEIRO M, OLIVEIRA H. Revista Ibero-americana de ciência da formação. Inteligência artifcial: estudos e usos na Ciência da Informação no Brasil, 2022.

4. CARVALHO, ACPLF. Inteligência Artifcial: riscos, benefícios e uso. Revista estudos avançados. 2021.

5. GOMES, DS, Inteligência Artifcial: Conceitos e Aplicações, Revista Olhar Cientíñco – Faculdades Associadas de Ariquemes – V. 01, n.2, Ago./Dez. 2015.

6. SILVA BZF, SOUZA VVC. A 4ª REVOLUÇÃO INDUSTRIAL E SEUS IMPACTOS NO FUTURO DOS MEIOS DE TRABALHO. Revista Etic, 2014.

7. BEBIANO FN, APLICAÇÃO DA INTELIGÊNCIA ARTIFICIAL NOS CONFLITOS SUBMETIDOS À JUSTIÇA RESTAURATIVA: (IM) POSSIBILIDADE. Revista Eletrônica

Direito e Política, 2021.

8. AGUIAR WHM. IMPACTO DA INTELIGÊNCIA ARTIFICIAL NOS POSTOS DE TRABALHO EM TEMPOS DE PANDEMIA, IMPACTO DA INTELIGÊNCIA ARTIFICIAL NOS POSTOS DE TRABALHO EM TEMPOS DE PANDEMIA, 2020.

9. SANTOSA,ROSSIG.TRABALHOUBERIZADO:PRECARIZAÇÃOE RESISTÊNCIA. Vitória do Espírito Santos, 2021.

10. ALMEIDA G. OS IMPACTOS DA GIG ECONOMY NO MUNDO DO TRABALHO BRASILEIRO. Revista brasileira de tecnologia e trabalho, 2024 SICHMAN, J. S. et al. É possível a máquina superar o ser humano? Jornal da USP, n.XXX1, 2016.

11. WOODCOCK, Jamie; GRAHAM, Mark. The gig economy – a critical introduction.Cambridge: Polity Press, 2020.

12. Georgian Britain, The rise of consumerism, Dr. Matthew White, Biblioteca Britânica.

13. HUGHES, Robert. The Fatal Shore. Alfred A. Knopf, 1986.

14. IGLÉSIAS, Francisco. A Revolução Industrial. 10ª edição. Editora Brasiliense, 1990.

15. Becker, C., & Scholl, A. (2006). A survey on problems and methods in generalized assembly line balancing. European Journal of Operational Research, 168(3), 694-715.

16. SILVA, L. F. G. e. A organização do trabalho na linha de montagem e a teoria das organizações.

17. GORDON, G. System Simulation. Prentice Hall, Inc., 1969.

18. LEDLEY, R. S. Programming and Utilizing Digital Computers. McGraw-Hill Book, Co., Inc., 1962.

19. MARTINS JR., E. W . Electronic Data Processing. Richard D . Irwin, Inc., 1962.

20. MCMILLAN, C. & GONZALES, R. F. Systems Analysis. Richard D . Irwin, Inc., 1965.

21. BARCELLOS, M. Apostila sobre Computadores. Dept. de Produção, Escola Politécnica da Universidade de São Paulo.

22. Woiller, Samsão. Computador: conceitos e aplicações.

23. "The ethics of artificial Intelligence". Draft for Cambridge Handbook of Artificial Intelligence, eds. Willian Ramsey and Keith Frankish (Cambridge University Press, 2011).

24. CAZZANIGA, M.; JAUMOTTE, F.; LI, LONGJI.; MELINA, G.; PANTON, A. J.;

PIZZINELLI, C.; ROCKALL, E.; TAVARES, M. M. Gen-AI: Artificial Intelligence and the Future of Work. International Monetary Fund. 2024.

25. Noponen, Niilo. (2019). Impact of Artificial Intelligence on Management. 24. 43-50.

26. Getting Ready For the Future of Work. McKinsey Quarterly, 2017.

27. GenerativeAIandthefutureofworkinAmerica.McKinsey.2023. https://www.mckinsey.com/mgi/our-research/generative-ai-and-the-future-of-work-in-america #/

28. https://www.vox.com/2016/8/3/12342764/autonomous-trucks-employment

29. Nilsson, Nils. The Quest for Artificial Intelligence: A History of Ideas and Achievements. Cambridge: Cambridge University Press, 2010.

30. O que é a ética na IA? https://www.ibm.com/br-pt/topics/ai-ethics

31. KUBOTA, Luis Claudio (org.). Digitalização e tecnologias da informação e comunicação:oportunidades e desaños para o Brasil. Rio de Janeiro: Ipea, 2024. ISBN: 978-65-5635-066-0.DOI: http://dx.doi.org/10.38116/9786556350660.

32. Costa, Armando Casimiro, 1918 – 2. Direito do trabalho – História 3. Justiça do trabalho – História 4. Trabalho – História I. Nascimento, Amauri Mascaro, 1932 –. II. Martins Filho, Ives Gandra da Silva.

33. https://www.imf.org/en/Blogs/Articles/2024/01/14/ai-will-transform-the-global-economy-lets- make-sure-it-beneñts-humanity

34. https://www.npr.org/2016/01/11/460698077/goodbye-jobs-hello-gigs-nunbergs-word-of-the- year-sums-up-a-new-economic-reality

35. SICHMAN, Jaime Simão. Inteligência Artiñcial e sociedade: avanços e riscos. Estudos Avançados, São Paulo, Brasil, v. 35, n. 101, p. 37–50, 2021. DOI:10.1590/s0103-4014.2021.35101.004.Disponívelem: https://www.revistas.usp.br/eav/article/view/185024.

36. DIETTERICH, T. G.; HORVITZ, E. Rise of concerns about AI: Rections and directions. Communications of the ACM, v.58, n.10, p.38-40, 2015.

ABOUT THE AUTHOR

Daniel Barbosa Marques

Daniel Barbosa Marques es un profesional experimentado con más de una década de amplia experiencia en estrategia, innovación y comercio internacional. Austro-brasileño, Daniel aporta una perspectiva multicultural única a su trabajo. Su diversa formación académica, que incluye estudios en gestión de exportaciones, gestión deportiva y derecho comercial, destaca su amplia  experiencia en diversos sectores. Complementando su educación formal, Daniel es un autodidacta entusiasta de la tecnología, integrando continuamente tecnologías de punta en sus actividades profesionales.

Como fundador y CEO de Zero Pro Hero S.L., Daniel lideró la creación de una academia de fútbol juvenil descentralizada basada en datos, en colaboración con Telefónica España. Su liderazgo abarcó desarrollo de software, estrategias comerciales, gestión de RRHH y esfuerzos de captación de fondos.

La experiencia de Daniel en A1 Digital International involucra estrategia de innovación e implementación de nuevos mercados en varios países. Desde 2023, también forma parte del Sindicato de Trabajadores electos en A1 Digital.

Su trayectoria profesional incluye contribuciones significativas a la gestión de proyectos internacionales, liderando ventas y desarrollo en el Grupo Windmöller und Hölscher y en Inmotio GmbH. Su trabajo ha abarcado más de 35 países, reflejando su alta movilidad, flexibilidad y habilidad para construir relaciones globales.

Fluente en portugués, alemán, inglés y español, las habilidades lingüísticas de Daniel han facilitado su comunicación y colaboración eficaz en diversas regiones. También es mentor en el Founder Institute en Belo Horizonte, Brasil, donde orienta a aspirantes a emprendedores. Además, Daniel es autor del libro "IA y el Futuro del Trabajo".

Sea bienvenido para ponerse en contacto con el Autor: www.linkedin.com/in/danielbarbosamarques

www.ingramcontent.com/pod-product-compliance
Lightning Source LLC
Chambersburg PA
CBHW071232050326
40690CB00011B/2088